# dear_

친애하는 당신에게

정재현

# dear_

친애하는 당신에게

정재현

"나도 그랬었는데"가 필요한 때가 있었다.
인생의 반짝임만을 보여주기 급급한 세상에서
내 삶을 줄곧 가엾게 여기지 않았으면,
하는 마음에서 시작된 공간

"내가 어떤 일을 하는 사람인가?"는 그만 내려놓고
온전히 어린 나를 마주하고
안아줄 수 있는 그런 공간

혼자라고 생각했던 기억들을 담은 메시지

dear_ 친애하는 당신에게

## 책을 시작하며

글을 쓴다는 것은 여전히 부끄럽다. 아니 어쩌면 쓰는 것보다 타인에게 보여준다는 것이 부끄러울 수도 있다. 그 이유는 내가 알고 있는 여리고 어린 나, 그리고 타인에게 보이고 싶은 멋지고 강한 나 사이의 괴리감 때문이 아닐까 싶다. 그럼에도 이렇게 글을 쓰고 남기는 이유는 스스로에게 더 솔직해지기 위함이다. 외면했던 나의 결핍과 그로 인해 감성적이거나 때론 연약해진 나를 마주하면서 전보다 조금 더 솔직해지고 싶었다. 나의 솔직함이 나의 약점이 되지 않길 바라며 이렇게 구김살 가득한 글을 남긴다.

2022년 11월, dear_의 첫 전시를 준비하며 타인의 이야기만 담던 내가, 나의 이야기도 꺼내 보면 어떨까 싶은 마음으로 용기를 냈다. 오늘의 솔직함이 훗날 후회가 될지도 모르겠다.

가족이 무겁다고 느껴진 날에 　　　　/ 11

매일을 기록하다 보니 책이 되었다 　　/ 59

dear_ 친애하는 당신에게 　　　　　　/ 153

서른셋, 서른에 어른을 기대했던 난
아직도 모든 것이 서툴렀다.

가족이 무겁다고 느껴진 날에

아빠에게 묻고 싶다.
외롭지 않으시냐고 혹은 아깝지 않으셨냐고
당신의 젊은 날을 나를 위해 소진한 것이.

# 당신의 청춘을 팔아, 나의 청춘을 샀다

습기 찬 뿌연 욕실 거울에 비친 내 얼굴이 문득 아빠를 닮았다고 생각한 적이 있다. 그의 잃은 청춘이라 생각한 적이 있다. '지금의 내 청춘은 그가 잃은 청춘의 값이구나' 하고 생각한 적이 있다.

며칠을 집에 들어오지 않아도 고작 "밥 먹었냐?"라고 묻던 그의 말이, 사실은 "사랑한다."라는 말이었음을 알게 된 건, 서른이 막 넘었을 때였다.

# 아빠도 무섭지 않았을까?

"현아, 성심병원으로 좀 온나"

급하게 그의 전화를 받고 병원에 갔다. 그곳엔 이미 수술을 마치고 퇴원 수속 절차를 밟고 있는 그가 있었다.

"보호자 사인이 필요해서…."

그가 말했다. 그 순간, 나는 화가 났다. 사실 그건 나에 대한 분노였고, 아빠를 향한 미안함이었다. 매사 무덤덤하기만 하던 그가 오죽했으면 병원엘 갔을까 싶었다.

얼마나 혼자 앓고 앓았을까? 무섭지는 않았을까? 혹은 차가운 침상에 혼자 누워있었을 때, 외롭지는 않았을까?

그는 왜 이렇게 강한 걸까? 내 마음만 더 아프게.

# 탓

어린 시절 나는 아빠를 참 많이도 미워했다. 당시 아빠는 내게, 사랑하는 엄마가 나를 떠나게 만든 사람, 가난에 빠지게 한 사람, 정 없고 무뚝뚝한 사람. 내 생일도 모르는 사람, 아니 그냥 나와는 맞지 않는 사람이라고 생각했다. 그렇게 그 모든 어려움에 대해 그를 탓했고, 점점 벽을 쌓아갔다.

분명 그도 느꼈을 것이다. 나의 말투, 표정 그 어디에서든. 하지만 지금 돌이켜보면 제일 힘이 들었던 건 홀로 남겨진 아빠였다. 집안일이라곤 해본 적도 없는 손으로 까불대는 사내아이 둘을 감당해야 했고, 혼자서 모든 걸 감내해야 했을 테니.

과연 나는 몇백 개의 못을 그의 생살에 박아 댔을까? 처음 겪는 아빠라는 무게가 그에겐 얼마나 무거웠을까?

어렸던 나는 나만 아픈 줄만 알았지, 그가 안고 있을 고독과 현실적인 좌절감에는 신경도 쓰지 않고 있었다. 참, 철이 없게도 말이다.

# 아빠의 동네 친구

"집 앞에 맛있는 차돌박이 집이 있어, 거기로 가자."

동생과 나는 아빠를 선두로 그 뒤를 따랐다. 동네 친구 하나 없을 줄 알았던 아빠가, 요즘 들어 자주 집 밖을 나선다. 아무래도 모임이 생긴 것 같다. 그렇게 그의 뒤를 따라 생전 처음 보는 동네 차돌박이 집을 갔다. 한참 고기를 먹고 있는데, 아빠의 시선이 가게 밖을 향한다. 그리고 슬쩍 웃더니 고개를 몇 번 위아래로 흔들며 인사를 건넨다. 아무래도 동네 친구를 본 모양이다. 배부르게 고기를 먹고 가게를 나가려는데, 아빠는 우리에게 먼저 들어가라고 손짓한다.

"아빠는 요 앞에 친구 좀 만나고 올게."

그러면서 반대편에 있는 호프집으로 들어가는 모습이 보인다. 술도 잘하지 못하는 양반이… 하지만 그 뒷모습이 어쩐지 내게 있어 너무나도 좋았다, 아빠가 이제야 좀 즐기기 시작한 것 같아서.

앞으로도 우리 아빠의 삶이 외롭지 않기를, 아빠라는 무게에서 벗어나 철없이 재밌기를 바랐다. 마땅히 행복할 자격이 있는 사람이니까. 부디 건강하게, 매일이 외롭지 않게 당신이 행복하기만을 바랐다.

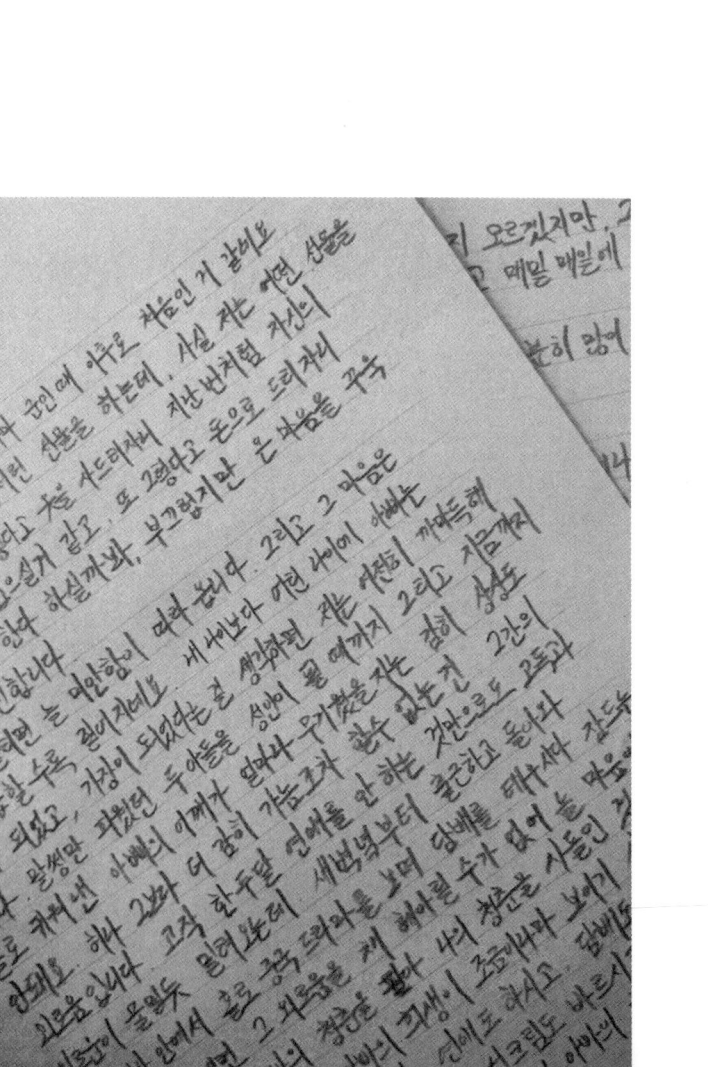

## 아빠에게

이렇게 아빠에게 편지를 쓰는 건, 아마 훈련병 때 이후로 처음인 거 같네요. 남들은 어버이날이라며 이런저런 선물을 하는데, 사실 저는 어떤 선물을 해야 할지도 모르겠어요. 옷을 사드리자니 지난번처럼 자기 취향이 있다며 잘 안 입으실 거 같고. 또 그렇다고 용돈을 드리자니 쓸데없는 짓 한다고 하실까 봐 부끄럽지만 이렇게 글로 마음을 남깁니다.

아빠를 생각하면 늘 미안함이 따라옵니다. 그리고 그 마음은 해를 거듭할수록 짙어지네요. 지금의 제 나이보다 어린 나이에 아빠는 아빠가 되었고, 가장이 되었다는 걸 생각하면 저는 여전히 까마득해집니다.

말썽만 피웠던 두 아들을 성인이 될 때까지 홀로 키워낸 아빠의 어깨가 얼마나 무거웠을지는 감히 상상도 안 돼요. 하나 그보다 감히 더 가늠조차 할 수 없는 건 그간의 외로움입니다.

고작 한두 달 연애를 하지 않는 것만으로도 고독과 외로움이 밀려오는데, 새벽녘부터 집 밖을 나가 일을 하고 돌아와도 따뜻한 밥 한 공기 없다는 것이 얼마나 외로운 일인지 감히 알 수가 없습니다. 돌아온 집에서 혼자 중국 영화를 보다 잠이 드시는 아빠를 볼 때면, 그 외로움을 채 헤아릴 수가 없어 늘 마음이 아팠어요.

아빠의 청춘을 팔아, 나의 청춘을 사들인 것 같아서.

서른 중반이 되어서야 아빠의 희생이 조금이나마 보이기 시작합니다. 부디 건강하셨으면 좋겠습니다. 연애도 하고, 친구도 만나며. 그리고 담배는 이제 좀 줄이고, 라면이나 인스턴트도 줄였으면 좋겠어요. 대충 로션만 바르지 말고 선크림도 잘 바르고 피부 관리도 하고, 멋진 옷도 과감히 사 입으시면서 그렇게 아빠의 청춘을 위해 사셨으면 좋겠습니다.

저는요, 아빠 덕분에 일말의 모자람도 없이 잘 자랐고, 사회에서 1인분 정도는 할 수 있는 사람이 되었어요. 아빠에게는 아직도 강가에 내놓은 어린아이 같을 수 있겠지만, 그렇다 하더라도 꼭 아빠를 먼저 생각하고 매일 하루의 끝에 행복의 기억으로 마무리했으면 좋겠습니다.

아빠를 닮은 성격과 외모만으로도 이미 충분히 많은 것을 물려받았기에, 그것만으로도 충분해요. 비록 표현이 서툴러 말로는 전할 수 없지만 정말 많이 사랑하고 감사합니다.

**아빠의 아들로 태어나 너무나도 잘 살아가고 있는 아들,**
**재현이.**

# 분명 나는 나를 미워하겠지

늙어가는 아빠의 모습을 볼 때면 괜히 미웠다. 미안함을 빙자한 미움이라는 것도 이미 알고 있지만, 괜스러운 마음은 어쩔 수가 없었다. 좀 더 건강하지. 밥도 잘 챙겨 먹고, 라면 좀 그만 먹지. 담배도 좀 줄이지. 그러면서도 막상 그를 마주할 때면 한마디 말도 하지 못한 채 그저 내 방으로 들어가 버릴 뿐이었다. 그렇게 뱉어지지 못하고 죽은 문장들은 내 방 구석구석 한가득 모여있다.

언젠가 나는 지금의 나를 미워하겠지. 분명, 후회하는 날이 있겠지.

누군가 내게 어느 순간이 가장 후회되냐 묻는다면,
가장 먼저 나는 아디다스 저지를 떠올릴 것이다.

되돌리고 싶어도 되돌릴 수 없을 때,
후회는 생살을 파고드는 듯한 아픔을 준다.
**꽤 오랫동안.**

# 아디다스 저지

만약 누가 내게 보고 싶은 사람이 있냐고 묻는다면 일말의 고민 없이 답은 '엄마'일 것이다. 충분히 오글거리고 부끄럽고 지금까지의 나와는 다른 모습이지만, 사실이 뭐 그렇다. 글을 쓰기 시작한 시점부터 솔직해지기로 했으니, 우선 깊이 묻어두었던. 후회가 덕지덕지 붙은 미련을 꺼내어 본다.

'엄마', 엄마라는 존재에게 후회가 되는 일은 무진장 많다. 하지만 그중에 하나를 고른다면, 아디다스 저지를 가지고 싶던 중학교 시절 어느 날이었다. 같이 가서 옷 한 벌 사 오는 게 뭐가 어렵다고, 엄마 혼자 백화점을 보냈던 그날이 가장 후회가 된다.

정확히 말하자면, 친구들은 하나씩 다 있다며 "사 달라, 사 달라" 징징거려놓고, 친구들과 놀기 바빠 매장에도 함께 가지 않았다. 그저 전화로 그녀에게 짜증을 부리기만 했던 나였다.

저지가 뭔지도 모르고, 별별 디자인이 수두룩한 매장에서 우리 엄마는 얼마나 헤맸을까? 얼마나 당황스러웠을까?

돌아간다면, 돌아갈 수만 있다면 그날로 돌아가 우리 엄마 손을 꼬옥 잡고서 천호동 현대백화점을 함께 걷고 싶다. 가서 내 옷도 사고, 우리 엄마 옷도 같이 보고. 하루의 재미가 나와 나누는 시시콜콜한 대화라던 우리 엄마와 순댓국을 같이 먹고 싶다. 분명 엄마는 맥주 한 병을 시킬 테고 내게 술 한 잔을 농담 삼아 권할 텐데. 이날만큼은 과감하게 짠- 한번 해주고 그녀의 푸념을 고스란히 들어주고 싶다.

서른세 살, 굳이 변명하자면 경상도 아버지 아래 장남으로 자란 나는 이런 감정이 어색하다. 그런데도 참 구질구질하고 유치할 수 있는 그 순간이, 내가 후회하고 돌아가고 싶은 간절한 순간일 거 같다.

이건 여담이지만, 그날의 엄마가 사 온 저지는 내게 상당히 컸고, 미련인지 불효에 대한 후회인진 몰라도 이십 년이 지난 지금도 라벨 택도 떼지 않은 채 고스란히 나의 옷장 안에 가만히 개어져 있다. 그리고 그 옷은 이제야 내 몸에 꼭 맞는다.

# 김치

아마 말해줘도 모를 것이다. 내가 좋아하는 김치는 이제 먹을 수 없고 그래서 시장통 김치를 사 먹어야 한다는 것이 얼마나 허탈하고 속상한 일인지는.

자작하게 졸여진 강된장, 큼지막하게 무를 썰어 경상도식으로 푹 끓여 낸 벌건 소고기뭇국, 된장을 풀어낸 미묘한 맛의 감자탕, 땡초가 팍팍 들어간 김치전.

당신이 내게 가르쳐준 당신 입맛의 음식들은 어디서도 맛볼 수 없다. 이럴 줄 알았으면 요리법이라도 알아 놓을걸. 있을 때 잘하라는 말이 먼 미래의 말일 줄만 알았다.

"잘할 기회라도 있었으면." 싶을 때가, "그때로 돌아갔으면." 하는 때가 종종 있다.

# 1월 22일과 23일 사이의 꿈

크리스마스였다. 사람들이 즐비했고 이름 모를 딸기 가루가 뿌려진, 분홍색 마시멜로의 달콤함을 물고서 저마다 무리를 지은 채 담소를 나눴다. 나는 그곳의 주최자여서 정신없이 손님을 응대하기에 바빴다.

그러다 한 여인이 내게 다가왔다. 자신의 두 아이가 제 안부를 묻고 있어서 그런데 우편을 하나 보내줄 수 있냐고. 글인지 그림인지 모를 편지 위에 나는 '사랑하는 두 아들에게'라고 썼다가, 순간 아들이 아닐 수도 있다는 생각에 급히 덧칠했다. 그리고 나는 포장을 하며 흥겨운 캐럴이 흘러나오는 스노우 볼도 함께 넣었다, 전해지는 그 순간이 따뜻하기를 바라면서. 그러면서도 배터리 수명이 다하면 안 될 텐데, 부디 받을 때까지만이라도 캐럴이 울렸으면 좋겠다고 생각했다.

그래서 더 엄마가 생각났던 걸지도 모른다. 떨어져 있어도 자식을 생각하는 그녀를 보며, 나는 엄마의 잔상을 떠올렸다.

인지하는 순간 내 주변은 암전.

반짝이던 모든 불빛이 사라졌다. 하나 이도 잠시, 그녀를 그리워할 틈도 없이 나는 다시 움직이기 시작했다. 그들의 분위기를 맞추고 신경 쓰느라 순간의 감정이라는 말처럼 금세 잊어버리고 말았다. 잊으면 안 된다는 걸 잘 알고 있으면서도 나는 너무나 쉽게 잊어버렸다. 나 살자고. 내 일상에 눈이 멀어. 역시 난 참 못된 아이, 이기적인 아이였다.

눈을 떠보니 겨우 새벽 2시다. 고작 두 시간 동안 꾼 꿈에 이제 막 시작된 나의 오늘 하루를 벌써 망친 기분이었다. 오랜만에 마주한 일요일인데, 깨어난 나는 아직도 꿈에 취해있던 걸까. 여전히 나의 감정은 온통 고독과 그리움이었다.

결핍은 직면하고 제대로 마주하면 수월하게 넘길 수 있는 것이라고 믿고 있지만, 이런 느닷없는 충격은 늘 낯설고 어렵다. 그 순간을 마주할 때면 무너지는 나를 발견하게 된다. 많은 것을 보고 듣느라 정작 잊지 말아야 할 것들을 잊어버리고 만다.

향을 피운다. 작은 복층 원룸 안에 은은한 잔향이 가득 찬다. 이런 향 속에서 질식한다면, 그것도 꽤 낭만적이겠거니 싶었다.

# 떠나간 엄마를 미워했었다

떠나간 엄마를 미워했었다. 세상에 홀로 남겨진 기분이란. 6살 어린 동생을 돌봐야 한다는 책임감, 아직은 어리고 작은 아이밖에 되지 않았던 내가 느낀 슬픔과 허전함. 음식이라곤 라면 밖에 할 줄 모르는 무뚝뚝하고도 폭력적인 아빠. 그런 환경에 나를 두고 떠나간 엄마를 미워했었다.

소풍 날, 집 앞 김밥천국에서 김밥을 사는 동생이 마음에 걸려 요리를 시작했다. 간단한 볶음밥 정도라 요리라기엔 부족했지만 어떻게든 챙겨주고 싶었다. 또한 미역국이 없는 동생의 생일날이 싫어 미역국을 배웠다. 물론 아빠의 생일날에도 나는 미역국을 끓였다.

그렇지만 나는 엄마가 행복했으면 좋겠다. 좀 괜찮은 사람 만나서 고생 안 하고 사랑받으며 누군가의 엄마가 아닌 여자로 살며 행복했으면 좋겠다. 그리고 굳이 만나지 않아도 좋으니 이 마음이라도 전해졌으면 좋겠다.

"나는 잘살고 있어, 엄마."

세상에서 가장 무책임하고 무거운 말

"그래도 가족이니까."

많이 사랑하고 아끼고 소중하지만,
그만큼 가장 어렵고 무거운 존재.

"가족"

# 가족사진

우리 집에는 가족사진이 없다. 있는 거라곤 내가 초등학생 때 네 식구가 함께 찍은 필름 사진이 전부일 것이다. 남자 셋이 산 이후로는 딱히 사진 찍을 기회가 없었고, 사실 이상하단 생각도 들지 않았다. 그러던 어느 날 가족사진을 남기고 싶었다. 혼자 신이 나 스튜디오를 예약하고 동생과 아빠에게 말했다.

"가족사진 한 번 찍어요."

하지만 아빠는 찍기 싫다고 하셨다. 뭘 그런 걸 찍느냐며. 그렇게 가족사진 이야기는 쏙 들어갔다. 당시엔 쿨한 척 찍지 말자 했지만, 내 마음은 그 쿨함을 견디지 못했다. 남들처럼만 살기도 참 어려운 거구나, 혼자 깊은 감정에 빠졌던 날이었다.

## 형의 입장


날 때부터 나는 녀석의 형이었고,
녀석은 내 동생이었다.

녀석에게 좋은 형이 되어주고 싶은데,
여전히 나는 어리고 모자라다.

내 동생, 호야.
좀 더 따뜻한 형이 되어주지 못해서 미안.
의지할 만한 형이 되어주지 못해서 미안.

너도 분명 많이 힘들고 외로웠을 텐데
나만 생각하고 나만 보살펴서 미안.

# 형도 형이 처음이라

어느 날 새벽, 방에서 TV를 보고 있는데 문득 동생이 들어왔다.

"형 미안해."

생뚱맞은 녀석의 사과에 상황 파악을 하려던 내 시선은, 피를 흘리는 녀석의 주먹에서 멈췄다. 거실을 나가보니 부엌의 작은 유리창이 깨져있었다. 그리고 녀석의 방바닥엔 이미 피가 흥건했다. 아마 피가 난 자기 손을 한참 동안 침대에 앉아서 지켜본 듯싶었다.

"야 인마, 뭐가 미안해. 내가 닦을 테니까 어서 응급실 가, 형이 카드 줄게."

나는 담담한 척(아니 어쩌면 정말 담담했을 수도 있다) 녀석을 병원에 보낸 뒤에, 바닥의 피를 닦으며 생각했다.

'형은 참 어렵구나. 나도 그 아빠에 그 아들이구나.'

사실, '괜찮냐'는 말이 먼저 나왔어야 했다. 아프진 않냐고, 공감을 먼저 하고 걱정을 해야 했던 게 순서였다. 그걸 알고 있었음에도 묘한 민망함과 어색함에 결국 나는 걱정의 말 한마디 없이 녀석을 그대로 병원에 보내고 말았다.

나는 참 어리다. 그래서 조금 더 어른스러운 형이 되고 싶다. 녀석의 나침반이 되어줄 수 있는 그런 사람이 되고 싶다고 늘 바라지만 생각만큼이나 그건 참 쉽지 않다.

언제쯤 나는 형다운 형이 될 수 있을까?
부족한 형이라, 녀석에겐 언제나 참 많이 미안하다.

# 가족력

소개팅을 했다. 자연스럽게 서로의 이상형을 물었고, 이윽고 상대가 말했다.

"저는 부모님이 화목한 가정에서 자란 사람이 좋아요."

자리에 앉은 지 이십여 분이 채 됐을까? 나는 할 말을 잃었다.

모르는 사람을 만날 때면, 나는 그 사람의 지금을 보려고 노력한다. 가정환경, 장애, 성적 취향, 정신 질환 등 나의 선택이 아닌 것들이 나의 것이 되는 경우가 더러 있다. 그것들이 '나'를 정의하고 증명하는 무언가가 된다면 얼마나 억울할까? 애초에 선택권이 있는 것도 아니었는데 말이다.

정신 상담을 해주는 콘텐츠가 극성이다. 그들 중 몇 명은 개인의 성향을 결정짓는 데에는 원 가족의 영향이 크다고 외쳐댄다. 배려가

넘치고 경제적으로 모자람이 없으며 화목한 가정에서 자란 사람을 곁에 두라고 한다. 방송을 넘어 SNS상에서도 '이런 사람을 만나라'는 식의 조건에 가족력은 필수가 된다. 옛말 따라 '집안 꼬락서니'를 보는 것이다.

차별을 하지 말라 하며, 다양함을 존중하자고 한다. 존재하는 모든 것에는 고유성이 있다고도 말한다. 하지만 실상 개인을 들여다볼 때는 그 사람이 무슨 음식을 좋아하고 어떤 습관을 지녔는지만큼이나 주변 환경을 보는 것 같았다. 그리고 자신이 가지고 있는 '당연한 것'에 대해 쉽사리 상대의 삶에도 대입시키곤 했다.

가끔 우리는 아무렇지 않게 상대의 등에 비수를 꽂고도 그것이 비수인지조차 모르는 때가 있었다.

# 생일

친구가 많아 보이는 건 마냥 좋은 건 아닌 일이라는 생각이 들었다. 주변에 사람들이 많다는 건, 사실 어떤 시선에선 내가 아니더라도 누군가가 알아서 잘 챙겨줄 것처럼 보이기 때문이다.

사실 그간의 생일날은 대부분 혼자 보냈다. 미역국을 먹어본 적도 거의 없다. 어찌 되었건 일 년에 딱 한 번 있는 생일이라는 이 기념일은, 적어도 내게는 설렌다거나 기쁜 날이기보단 세상 가장 민망한 날이 되어버렸다.

페이스북, 인스타그램, 카카오톡, 문자. 제아무리 축하 연락이 많이 온다고 한들, 그것들이 본질적인 나의 외로움을 채우지는 못했다. 결국 생일은 나에게 외로움을 다시금 각인시켜주는 날이 되었다. 풍요, 그 속의 결핍이다.

# 아빠가 돌아왔다

집에 오니 신발장에 구두 한 켤레가 놓여있다. 백령도로 출장을 간 아빠가 근 두 달 만에 돌아온 것이다. 낯간지러운 표현에 어색한 정씨 남자들은 "오셨네요?" "어, 왔다"로 그간의 안부를 끝맺는다. 가끔 이 정도밖에 하지 못하는 내가 밉다.

분명, 홀로 외로운 섬 생활을 하며 참 많은 고생을 했을 텐데, 고작 집에 와서 한다는 일은 라면 끓여 먹고 누워서 TV를 보는 게 끝이다. 그런 아빠의 모습에 순간 짜증이 치밀었다. 물론 이 또한 미안함의 방증일 것이다. 만약 내가 아빠랑 조금 더 친했다면 이렇게 말하고 싶다.

"아빠도 아빠의 삶을 좀 즐기세요. 데이트도 하고 연애도 하고 친구들 만나서 술도 좀 마시고."

## 때문에 보다야

'때문에'라는 말 보다, '덕분에'라는 접속사가 좋다. 엄마의 부재 덕분에 일찍이 요리하게 됐고, 집안 살림을 내 것으로 익힐 수 있었다. 가세가 잠시 기울어진 덕분에 아끼는 법을 배웠다. 내 동생의 형일 수 있어서 더 열심히 살 수 있었으며, 여러 배경의 삶을 겪으면서 편견이 적은 사람이 될 수 있었다. 그렇게 나는 현재 'dear_'라는 유튜브 채널을 하고 있다.

'때문에'라는 명칭으로 이유를 찾으면 너무나 많은 '때문에'가 있었다. 이는 너무나 훌륭한 핑곗거리가 되기도 했다. 그래서 나는 '때문에', 보다 '때문에'라는 말을 좋아한다. 모든 '덕분에'로 인해 지금의 내가 되었고, 그 모습이 나는 제법 마음에 든다.

## 고백

솔직히 말하자면,
아직도 종종 엄마가 보고 싶을 때가 있다.

# 지금은 어때요?

"엄마가 보고 싶거나 그러지는 않아요?"

상담 선생님이 물었고, 나는 답했다.

"아뇨, 오히려 좋아요. 제가 사랑하는 사람이 행여 저 때문에 행복한 삶을 포기했다면, 저는 정말 불행했을 것 같거든요 되려 엄마가 엄마의 행복을 찾아 떠나서 다행이라 생각해요."

그러자 선생님이 말했다.

"재현 씨는 어머니를 많이 사랑했나 보네요."

# 보라색 빵모자

"넌 누구 닮았어?"

친구 녀석이 물었다. 나는 "아빠"라고 답하며 그의 사진을 보여줬다. 그리고 자신은 엄마를 닮았다며 가족사진을 보여주는 녀석을 보며 문득 엄마가 떠올랐다. 그렇지만 사실 이제는 엄마의 얼굴조차 기억이 나지 않는다. 물론 그녀가 담긴 사진이야 있겠지만, 그 잔상은 오래가지 않는다. 분명 내 얼굴의 반은 그녀를 닮았을 텐데.

그러면서도 재밌는 건 '보라색 빵 모자'만은 뚜렷하다는 거다. 우리 엄마는 모자를 좋아했다. 특히 요상하게 생긴 보라색 빵 모자를 좋아했는데, 요즘의 내가 그렇다. 물론 보라색은 아니지만, 베레모를 주야장천 쓰는 중이다. 이런 것도 닮음이라면 닮음인 걸까?

아직도 가끔 상봉 시장을 혼자 가볼 때가 있다. 행여 그녀를 마주칠까 봐. 그녀가 일했던 감자탕집, 아저씨가 운영했던 정육점 앞을 지난다. 정육점 집은 문을 닫은 지 오래고, 감자탕집 또한 달라진 풍경이 낯설기만 하다.

때로는 눈앞의 그녀를 내가 알아볼 수 있을까에 대한 의문도 든다. 보라색 빵 모자가 없다면 나는 저 질문에 확실한 답을 할 수가 없다. 참 나란 놈은, 다른 말로 정이 없는 사람일지도 모른다고 생각했다. 늘 그녀가 말했듯이.

"제 아빠 닮아가지고."

# 그렇게 형이 되었다

나에겐 여섯 살 어린 동생이 있다. 나는 여섯 살 때부터 녀석의 형이었다. 사고 싶은 게 있으면 양보를 해야 했고, 가끔 친구를 만날 시간에는 녀석과 놀아줘야 했다. 녀석이 모르는 게 있다면 알려줘야 했고, 녀석이 잘못된 길로 가지 않도록 잔소리를 해야 했다.

녀석이 소풍에 가는 날이면, 초라하게 김밥천국에서 김밥 싸가는 꼴이 보기 싫어 주먹밥이라도 만들어 도시락을 싸주기도 했고. 너무 라면만 먹이는 거 같아 어설프지만, 요리를 배워 녀석에게 해주곤 했다.

적어도 녀석이 집에 돌아왔을 때, 차가운 기운이 없기를 바라면서, 그렇게 나는 형이 되었다.

하지만 나이를 먹으면 먹을수록, 그 형이라는 직책이 참 무겁다는 걸 느낀다. 밖에서는 재밌는 친구로, 안에서는 여섯 살 어린 동생의 나침반이 될 수 있는 형으로. 어느 곳 하나 완성이 없어서 늘 부족함에 숨차했다. 무너지면 안 된다는 생각에 감정은 불필요한 것이 되었다. 그래서 감정을 여는 방법을 잊어버렸다. 그리고 그런 나를 볼수록 우리 아빠 모습이 겹쳐 보였다.

"아, 이래서 우리 아빠가 말수가 없으셨구나."

# 네가 걱정되어 쪽팔림도 없었다

아마 내가 초등학교 저학년일 때였을 거다, 네가 이제 막 걷고 뛰고 했던 걸 내가 기억하고 있는 걸 보면. 둘이 뭐가 그리 재밌다고, 아니 너는 내가 뭐 그리 좋다고 나만 졸졸 따라다녔는지.

어느 날은 그렇게 놀다 학원 갈 시간이 되어 나는 학원 차에 올라탔다. 버스 뒷자리에 앉아 창문으로 너를 보는데, 너는 나보고 가지 말라며 따라오는 게 보였다. 학원 가는 종일 이렇게 나를 따라오다가, 혹여 네가 길을 잃으면 어쩌지라는, 마음에 울음을 터뜨렸다. 결국 집으로 전화해 너의 목소리를 들은 후에야 나는 진정이 되었다.

잠시 잊은 채 살고 있었는데, 그래. 너는 내게 그런 존재였다. 걱정되어 쪽팔림도 없었던 그런 존재.

## 일요일 오전

어느 일요일. 이제 막 디즈니 만화 동산이 끝날 무렵. 주방에서는 도마와 칼이 부딪치는 소리가 들리고, 멸치국물을 끓이던 탓인지 공기는 습하고 조금 덥다. 그리고 라디오에서는 지오디의 '사랑해 그리고 기억해'가 나온다. 잠시 후 들리는 그리운 목소리.

"현아, 와서 국수 먹어."

나보다 한발 빠른 건 우리 아빠. 그렇게 아빠, 동생, 나 그리고 엄마, 네 명이서 TV를 보며 멸치국수를 먹는다. 심심한 멸치국수에 엄마표 볶음김치는 언제나 말도 안 되는 환상의 조합이다. 딱히 특별하지 않았던 소소한 기억. 더 이상 소소하지 않을 특별한 기억.

# 서른이 되었을 때

아빠에겐 죄송한 말이지만 '첫 단추가 잘못 끼워졌다.'라는 생각을 한 적이 있다. 제아무리 노력해도 기어코 어긋나 버릴 수 있는 일도 있다고 믿었다. 밑 빠진 독에 물을 붓는 느낌이 들었다. 미친 듯이 달렸고 열심히 산다며 발악하는 데 현실은 나아질 기미가 보이지 않았다. 앞은 깜깜한데 책임져야 할 것들은 그림자 위로 덧대어지고, 쌓여만 갔다.

그들을 챙기느라 언제나 나는 뒷전이었고, 그것이 습관이 되어 나를 돌보는 법조차 잊고 살았다. 이런 말을 하기에도 부끄럽지만, 이런 내가 가여워 울기도 했다. 사실은, 이것 말고는 내가 나를 위로하는 법을 몰랐다.

그래서 서른이 되면 생을 마감하려고 했었다. 이 정도면 충분히 잘 산 것 같아서, 박수 칠 때 떠난다는 기분으로.

일기는 내게 나의 감정을 정리할 수 있게끔 하는
표현의 탈출구이자,
과거의 기억과 가치를 돌이켜 볼 수 있게 하는 삶의 기록이다.
그래서 나는 매일 저녁 일기를 쓴다.
오늘의 나와, 내일의 나를 위하여.

매일을 기록하다 보니 책이 되었다

# 돌아보니 전부 폐허였다

한 사람만을 사랑한다는 거, 그게 정말 가능할까? 이렇게 헤어지고, 잊고, 다시 사랑하는 걸 보면 그 말을 믿을 수가 없다. 사랑을 믿을 수가 없다. 어쩌면 내가 했던 사랑들은 그 명칭만 사랑이었을 뿐, 그저 순간의 호감과 그 마음에 대한 표현이 아니었을까?

"너만을 사랑하겠다." "너와 함께하고 싶다." 했던 너와 나는 남이 되었다. 돌아보니 전부 폐허다. 그럼에도 다시 내게 새로운 사랑이 찾아오는 걸 보면 그 사실이 역겹기까지 하다. 나의 마음은 언제가 진심이었을까? 언제나 진심으로 사랑한다고 하지만 서로의 관계를 이별이라 칭하는 순간, 사라지는 우리의 말과 기약 없는 약속을 직면한다. 진심이 진심이 아니었음을 내 눈으로 보고 만다.

# 모든 첫눈을 사랑할 수 있기를

모든 해의 첫눈은 같은 처음일 텐데 점점 그 의미가 퇴색되는 기분이다. 시작점이 늦춰지는 기분이다. 시시해지고 특별하지 않고 같은 반복인 것 같은 기분에 스스로 허무함이 들 때도 있다. 기억이 흐릿해진다. 뿌연 실루엣 속의 내게 나는 묻는다.

"그래, 언제 너는 설레었니?"

그러면서 간절히 바란다. 부디 모든 첫눈을 처음이라 여기며 사랑할 수 있기를. 나에게 오는 따뜻한 기류들에 감사하며 같은 마음으로 안을 수 있기를.

# 기억의 상대성

잊지 못한 사람이 있었다. 1년을 연애하고 근 3년을 쫓아다녔다. 그리고 그녀에게 문자가 왔다.

"오빠, 추억 속에 살지 마, 오빠의 기억 속에는 미화된 기억뿐인 거 같은데, 충분히 우리는 헤어질 만했고 좋지 않은 일들도 많았어."

이 문자를 보며 한참을 멍하니 있었다. 나에게 그녀와의 추억은 언제나 분홍빛이었는데, 그녀에게 나와의 추억은 이미 타버릴 대로 타버린 잿빛의 그 무언가였다.

그간의 난 '지난 연인을 잊지 못하는 비련의 주인공'이라는 환상에 빠져, 왜곡된 과거에 살고 있었다.

# Fighting

"오빠, 'Fighting'이라는 말에는 두 가지 뜻이 있는데. 하나는 싸우다, 하나는 힘내다. 그러니까 우리, 우리 사랑도 파이팅하자. 어떻게 좋은 날만 있겠어. 분명 엄청나게 싸우기도 할 거고 서로의 이기심에 상처도 받을 거야, 하지만 우리의 상처는 우리가 보듬어 주자. 그렇게 열심히 힘내보자, 응?"

"우리 파이팅 해보자."

**언젠가 그녀가 준 작은 손편지 중에서**

## 아야진바다

바다를 보고 싶다는 그였다. 언제나 그렇듯 마땅한 취향이 없는 나는 좋다고 답을 했다. 그리고 만나는 당일, 생일에 눈이 오는 건 축복이라며 그는 내게 바다를 보기 전 인제를 가자고 했다. 눈이 오는 자작나무를 보고 싶다며.

그렇게 두어 시간 차를 타고 인제에 도착했다. 사려니숲길처럼 자작나무가 알아서 펼쳐져 있을 줄 안 나는 당연히 코트에 구두를 신었고 그는 그런 나를 보며 구두를 신은 사람은 처음 본다고 했다. 산을 타야 했기 때문이다. 행인의 발자취가 묻어 몇몇 땅은 얼음판이 된 길을 짧은 보폭으로 조심히 한 시간 정도 걸었던 거 같다. 처음 보는 자연이었다. 하얀 **빼빼로**들이 우거진 설산 같다고 해야 하나? 그곳에 멍하니 서서 행인들을 바라보았다. 서로 사진을 찍어주고 찍히며 도처에 사랑이 넘쳐났다. 하나 허기에 취약한 나는 어서 밥을 먹자며 보챘다. 마침 설 당일이라 영업을 하는 곳이 마땅치 않았고, 여러 군데를 찾아보다 아야진을 가는 길에 있는 더덕구이 집을 향했다. 허영만 맛집 기행에 출연했다는 네이버의 정보를 믿은 나의 선택이었다. 다행히 그곳의 황태국밥과 더덕구이는 꽤나 나쁘지 않은 선택이었다. 그럼에도 이미 소진된 기력을 채우기에는 역부족이었다. 그런 이유로 이미 눈앞에 아야진 해변을 두고 정차한 차 안에서 이십여 분을 잔 것 같다. 태초 우리의 목적은 바다였으니, 춥지만 언제 또 바다를 보겠냐는 생각에 따라 나갔다. 그 각오도 잠시 채 십 분을 버티지 못하고 나는 혼자 차 안으로 들어왔다. 그 안에서 바다를 보는 그를 보았다. '평온을 좋아하고 원하는 사람이 보는 바다는 어떨까?' 문득 그의 시선이 궁금해져 바로 앞 편의점에서 뜨겁게 데워진 레쓰비 두 캔을 사 그의 손에 하나 쥐어줬다. 그리고 같이 바다를 보았다. 회색 바다와 회색 하늘은 그 경계가 어디인지 모호할 정도였지만, 멍하니 보고 있자니 마치 내 꿈속을 들여다보는 것 같아 몽롱한 기분이었다. 그리고 바다가 보이는 카페에 들어가 나는 핫쵸코, 그는 따뜻한 바닐라라테를 주문하고 이미 북적이는 사람들 틈 사이에 조심히 자리했다. 뭐 그리할 말이 많았는지는 모른다. 다만 확실한 거는 마감할 때까지 남아있던 손님은 우리밖에 없었다는 것이다.

카페를 나와 하늘을 보니 별이 보인다. 별이 찍힐 리 없다는 그의 말과는 다르게 나의 핸드폰 카메라로 희미한 별들이 담긴다. 보랏빛

조명을 받아 온통 푸른빛인 바다를 향한다. 밤의 아야진은 낮의 아야진과는 또 다른 매력이다. 그렇게 자정이 다 돼서야 집에 돌아왔다. 중간에 운전하는 그를 두고 이기적인 나는 잠이 들었다. 이 또한 잠에 취약한 나였다고 변명해 본다. 아직 하루도 지나지 않았지만 분명 오늘의 여행은 기억을 넘어 추억이 될 거란 확신이 들었다.

그렇게 그를 보내고 집에 와 바닥에 앉아있으니 배가 고프다. 분명 그도 고플 것 같아 문자를 보낸다. 이미 절반 정도는 집에 도착한 그인데 다시 돌아오겠다고 한다. 우리는 딤섬 두 판과 볶음밥을 시키고 어느 술집에서는 안주로 팔 법한 참치 넣은 비빔면을 만들어 새벽 서너 시까지 대화를 나누었다. 사실 열한 시만 되고 잠이 쏟아지는 나지만, 그날을 별로 피곤하지가 않았다. 그렇게 깊으면서도 가벼운, 그렇지만 만만하지는 않은 이야기를 나누다 그는 시간이 늦었다며 돌아갔다. 그래, 여러모로 참 좋은 여행이었다.

# 끝이 날 연애를 하는 기분

얼마 전 연애를 시작한 친구가 내게 연애 상담을 했다.

"분명 지금의 연애가 행복한데 언젠가 끝이 날 거라는 생각이 드는 이유는 뭘까? 상처받기 싫어서일까? 아니면 이미 헤어질 사람이라는 게 뻔히 보여서일까? 진짜 좋은데, 좋다가도 '언젠가 얘랑도 헤어지겠지?'라는 생각이 자꾸만 들어"

그 고민을 듣다가 문득 나의 12월이 떠올랐다. 나는 12월이 좋다. 괜히 설레고 마음이 붕 뜨는 날이다. 그 이유는 단 하나, 바로 크리스마스가 있는 달이기 때문이다. 이브인 24일부터 당일인 25일까지, 나는 이 하루에 온 체력을 불태우고 특별하게 보내기 위해 며칠 전부터 계획을 세운다. 뭐, 수많은 날 중 하루라지만 그래도 그날의 분위기가 좋고 좋은 기억을 담고 싶다고 해야 하나? 마치 할로윈에 잔뜩 분장하고 이태원에 모이는 사람들처럼 말이다.

어쩌면 우리의 연애도 그런 게 아닐까 싶다. 사랑도 우정도 언젠가는 끝을 맞이하게 된다. 하지만 이왕 끝이 있는 거라면, 그 끝을 걱정하는 것보다는 그 기간에 얼마나 좋은 추억을 차곡차곡 쌓느냐가 더 좋지 않을까. 그리고 부디 좋아하는 감정을 불안이나 두려움으로 덮지 않았으면 했다. 사실 지금 우리의 연애가 불안한 이유는 그만큼 상대를 좋아하고 있다는 것에 대한 반증일 테니까.

좋지 않은 감정은 쉽게 전염된다. 불안도 마찬가지다. 부디 나의 불안으로 사랑하는 사람까지 불안하게 만들 필요는 없다. 서로 사랑하기만 해도 한없이 모자랄 시간에, 아직 일어나지도 않은 일에 대한 불안과 받지도 않은 상처에 대한 걱정은 충분히 이르니까.

# 언어가 예쁜 사람

최근 남자친구의 폭언으로 이별은 겪은 동생과 카페에 갔다. 그녀는 본인이 화가 나고 기분이 상한다며 자신에게 배려 없이 던지는 남자친구의 막말이나 욕설들에 자존감이 많이 깎였다고 했다.

이를 들으면서 내가 할 수 있는 말은 언어가 예쁜 사람을 만나라는 것뿐이었다. 근데 사실이 그렇다. 사랑하는 중이라면 사랑받는 느낌이 나야 한다. 그리고 가장 기본이 되는 것이 내 사람이 내게 해주는 애정 어린 말 한마디일 것이다.

사소한 말 한마디일 수 있지만, 의외로 공감해 주고 편을 들어주는 따뜻한 언어가 그 어떤 선물보다도 값질 때가 있다.

내 편이라 믿는 누군가에게서 오는 애정 어린 말 한마디는, 사회 속을 살아가며 무수한 타인들 속에 지쳐가는 우리에게 충분한 위로와 든든한 버팀목이 된다.

# 모든 사랑은 서툴다

사랑의 종말은 누군가의 치명적인 잘못이라기보다는 서로의 서투름에서 오는 시행착오가 아닐까 생각했다. 그 시절 우리는 그랬다. 감정에 서툴고, 표현에 서툴고. 기다림에 서툴고, 솔직함에 서툴렀다.

그 때문일까? 별것도 아닌 일에 자존심을 부린 적도 더러 있었고, 오해한다거나 가끔 서운함에 괴로워했다. 때론 이를 티 내지 않고자, 되레 화를 내기도 하다 혼자 지쳐 포기하기도 했다.

그래, 분명히 서툴렀다. 더 웃긴 건 당시에 뭔 놈의 쿨병에 걸렸는지는 몰라도 아무렇지 않은 척했다는 거다. 마치 '사랑이 오직 너 하나랴?!'라는 못된 심보로 말이다. 어찌 됐건 분명 그 잔해는 상처로 남았다.

그럼에도 불구하고, 우리는 경험이 주는 교훈을 잊은 채 또다시 서툰 사랑을 할 것이다. 필시 앞으로의 사랑도 충분히 서툴 것이다. 그런데도 고생하고 고생하며 다가오는 사랑이라는 감정에 충실하고 포기하지 않았으면 좋겠다.

# 지난 인연

"잘 지내? 생각나서 연락해 봤어. 아직 연남동에 살아?"

늦은 밤, 어쩌면 술에 취해 온 연락일 수도 있다. 하지만 그 연락에 난 감사하다는 답장을 했다. 그 이유는 즉, 나는 나의 사랑이 늘 시커먼 잿더미로 그 생을 마감한다고 생각했다. 하지만 지난 인연의 안부는 이를 부정하기에 충분했다.

다행이었다. 나도 누군가의 사랑에 좋은 기억으로 남아있었다.

# 다음에

"우리 다음에 여기 가자."
"우리 다음에 이거 먹어보자."
"저것도 재밌겠다, 저 집도 맛있겠다."
"다음에는, 우리 다음에는."

그렇게 기약 없는 모든 '다음에'들에게 미안해졌다. 원대한 미래를 바라보며 한 '다음에'부터 당장에 시간이 없어서, 돈이 없어서, 미루고 미뤄왔던 사소한 '다음에'까지.

이따금 생각나는 '다음에'들을 당신도 잊지 않고 있을까? 혹은 해내지 못한 숙제처럼 마음 한편에 아쉬움으로 남아있는 건 아닐까? 모든 인연에 최선을 다해야 한다는 걸 알고 있지만, 익숙함 때문인지 게으름 때문인지 몰라도 이루지 못한 '다음에'들이 온 거리에 즐비했다.

# 고작 몇 달의 인연 주제에

때론 20년 지기 친구도 아닌, 고작 몇 달 안 되는 연인이 주는 상처에 더 큰 흉이 질 때가 있다. 고작 그 정도의 인연 주제에, 나를 잘 알지도 못하면서 마치 다 아는 양 나를 믿고 사랑해 주며 가끔은 실망하고 상처도 받는다. 나를 얼마나 안다고. 나를 이 정도로 사랑해 주었는지.

도대체 나를 알면 얼마나 안다고.

# 사람은 쉽게 바뀌지 않는다고 하지만

사람은 변하지 않는다고 흔히들 말한다. 그에 대해선 나 또한 동의하는 바다. 하나 그것만큼이나 좋은 자기변명도 없는 것 같았다. '나는 원래…' 세상에 원래가 어디 있을까? 사람은 변하지 않더라도 마음가짐과 태도는 언제든 변화할 수 있다. 친구 앞에서의 모습과 잘 보여야 하는 이성 앞에서의 태도가 다르듯 말이다.

그러니 상대가 나에게 배려가 없고 못돼먹었다면 그에게 내가 그 정도 인연이라 생각하려고 한다. 좀 더 소중했다면 처음 모습처럼 꾸준히 배려하고 이해하려고 노력하지 않았을까?

그 사람이 변한 게 아니라 그의 마음가짐이 바뀐 거였다,
참 간사하게도.

친애하는 당신에게

맘껏 읽어 가시길

친애하는 당신에게

「2022. 11. 12 토요일 오후 5시 2분부터 ___시 ___
나의 모든」 순간들을 짚어보고 향유하는 것이
이 전시를 오지 않을 이유가 없었습니다. 때때로
냉정하고 알아가는 과정중이라 토요일의 섹션이
것 같아요. 비록 토크만은 없었으나, 하오비
나눠보기도 하고 작가님께 많지 않지만 여러 가지
감사한 시간이었습니다. 타인 그러니까 우리네
다른 이야기들도 들어보고 싶었지만, 전시가 안네
작가님의 경험, 깨달음, 성찰들을, 응원하는 마음 담아
무엇도 평안함을 주기 힘든 이 세상에 작가님의
진심을 감사드리며, 또 다른 작품으로 뵙길 고대합니

dear_

dear_

de

# 편지

편지를 좋아한다. 흰 종이 위 지워지지 않는 잉크를 쥐고 온통 나만 위해 쓰인 이 글들을, 나를 생각하며 한 줄 한 줄 써 내려간 이 마음을 나는 좋아한다. 사랑의 표현은 가지각색이고 사람마다 천차만별이다. 하지만 이 아날로그적인 방식은 언제나 감동이다. 역시 클래식은 언제나 옳다.

외로움이 깃든 어느 저녁, 신발 박스에 고이 숨겨놓은 편지들을 몽땅 꺼내 본다. 그리고 천천히 하나하나 읽어본다. 편지는 마음의 창이다. 마음이라는 건 쉽게 보이지 않고 본디 사람이란 감사함보다 서운함에 더 민감하다.

내 마음, 네 마음 재고 또 재다 서로를 확신하지 못하고 끝나버린 우리가 그곳에 있었다.

## 요즘 연애 참 가볍다

요즘 연애 참 가볍다. 마음이 오갔던 사이인데 예상치 못하게 카카오톡이라는 메신저로 이별의 통보를 하는 것을 보며, 역겹다고 생각했다. 어긋남을 조율할 생각도 하지 않고, 일방적으로 관계를 끊어버리는 모습에 묘한 혐오감까지 들었다.

사랑하기로 했으면, 서로 간의 지켜야 할 예의나 맞춰가야 할 책임이 있다고 생각하는데, 유희만 즐길 뿐 그 책임에 대해서는 다들 귀찮아하는 것처럼 보였다.

지지고 볶아도 서로 맞춰가고 화내고 때론 울면서도 서로를 안아주는 그런 연애가 언제부터 구닥다리가 된 것일까?

## 어려웠으면 해

참 싫은 나의 모습이지만, 언제나 이별 앞에서 나는 구질구질해진다. 아직 좋으니까 그 마음을 돌리고 싶지만, 그 또한 쉽지 않다. 하지만 또 어쩔 수 없다. 내 마음이 내 마음대로 될 턱이 없으니 말이다.

내가 바라는 건 딱 하나다. 당신, 당신이 선언한 우리 연애의 끝이 그 시작만큼이나 어려웠으면 한다. 부디 시작을 결심한 내가 바보가 아니었다고 후회 없게 도와다오. 이건 강력한 부탁이다. 함부로 헤어지자 하지 말아라. 당신에겐 별 의미 없는 말버릇일지라도 그때마다 내 마음은 몇 번이고 죽었다 되살아나는 곤욕을 치르곤 한다.

그러니 당신, 우리의 시작만큼이나 우리의 끝도 어려워해 주길 바란다.

# 나사가 한두 개 빠진 아이

중학교 1학년 때, 국어 선생님께서 나를 지칭하시며 말씀하셨다.

"아마, 재현이는 주변에 친구가 많을 거야, 왜인 줄 아니? 저렇게 나사 한두 개 빠져 있는 애들이 친구가 많거든."

그 표현 참 좋았다. 뭐 속된 말로, 병신 같다는 것일 수도 있는데. 어쩌면 그만큼 편한 사람으로 기억되고 남는다는 것 같아서 나는 좋다. 화려하고 빛나서 다가가기 어려운 사람보다야 언제든 찾을 수 있는 사람이 되고 싶다.

## 타인의 기대치

예상치 못한 타인의 칭찬이 내게 독이 되곤 했다. 이를 충족시켜야 한다는 압박감이 되어, 나를 옥죄기도 했다. 하지만 그럴 필요가 없었다. 타인은 생각보다 내게 큰 기대를 하지도 않았고, 그런 칭찬들은 그냥 의례적으로 하는 경우가 더 많았다.

그니까 굳이 남이 하는 나의 평가를 귀담아들을 필요가 없었다.

# 잘 살고 있는 걸까?

"나, 잘살고 있는 걸까? 삶의 보람을 못 느끼겠어."

친구 녀석이 말했고 나는 답했다.

"잘살고 있는 건, 남이 아는 게 아니라 네가 아는 거 아니야? 네가 느끼기에 괜찮았으면 됐지, 굳이 다른 사람의 판단이 뭐가 필요하겠어. 복잡하게 살지 말자. 그냥 오늘 하루 재밌었으면 잘 보냈다고 생각하자. 잘 먹고 잘 싸고 잘 자면 그걸로 충분하잖아."

나의 서사는 내가 가장 잘 알고 있으니까.
어떤 타인이든 내 삶에 대해 왈가왈부할 자격도 없고,
굳이 마음에 새길 필요도 없다.

다만, 나의 신념과 행동이 옳다는 전제하에.
(욕먹을 짓을 하는 거면 욕먹어야 마땅하고.)

# 꿈의 부재

어느 날 선배와 소주를 한잔하다가 말했다.

"꿈을 잃어가. 사실 요즘 퇴사 생각도 많이 하게 돼. 안정감을 담보로 꿈과 목표를 잃었다는 생각이 들더라고. 그냥 내 삶에 내가 없는 기분이야. 물론 우리 회사 좋지. 대기업이라는 거, 참 좋긴 한데 막상 들어가 보니 별 감흥이 없어. 그냥 그 안정성에 내 모든 걸 포기한 느낌이 들더라.

나는 결혼 생각도 해야 하잖아. 그러다 보면 포기해야 할 것이 생기더라고, 나는 가장 쉽게 포기해버리는 게 나의 꿈이 되어있더라.

여자친구에게는 결혼하면 하고 싶은 걸 해보라고 말했어. 둘 다 돈을 벌기 위해 회사에 다니면서 스트레스받으면, 집에 와서도 서로 안 좋은 생각만 공유하게 될까 봐. 둘 중의 한 명이라고 하고 싶은 일을 하며 즐기는 게 좋겠다 싶더라고.

근데 사실 내 꿈은 학교 앞에 한식집을 내는 거였다? '강식당'처럼 당일에 내가 하고 싶은 메뉴를 내놓는 거야. 내가 좋아하고 20대의 추억이 적힌 캠퍼스에서 후배들에게 맛있는 거 먹이면서 재밌게 하는 거지. 아 참, 콘셉트는 털보로 생각했었어. 수염을 존나 기르는 거야 멋있게. 근데 회사 다니면서 제모 받았어. 이제 수염도 안 나, 씨발 망했어.

이제 나이는 30대 후반을 향해 가고 있는데, 나는 아직 하고 싶은 게 많아. 근데 기회도 여유도 없어. 그게 참 거지 같아. 내 꿈이 죽어가는 걸 지켜보는 게 말이야.

그러니 너는 하고 싶은 걸 꼭 해라. 돈? 솔직히 적당히 벌어서 적당히 먹고살면 돼. 물론 내가 이런 말 하는 게 모순이지만 너무 압박받지는 마. 꼭 너는, 꿈을 포기하지 않으며 살아갔으면 좋겠다."

## 본질

언제나 본질에 충실할 수 있기를.
그 어떠한 거품과 허영심 없이,
가장 순수한 나의 의지로 움직일 수 있기를.
그 어떠한 자만과 열등감 없이,
타인의 시선이 나를 움직일 수 없기를.

## 죽어가고 있다

우리는 살아가고 있는 것이 아니라, 죽어가고 있는 것이라고 생각했다. 그렇다면 "어떻게 하면 잘 살지?"라는 고민이 아닌, "어떻게 하면 편안히 죽음을 맞이할까?"라는 고민을 해야 하는 것이 아닐까?

지금도 우리는 죽어가고 있다.

# 굳이 잘할 필요 있나?

무슨 일을 한다고 했을 때 사람들은 잘하냐고 묻는다. 아니, 좋아서 하는 일을 굳이 잘할 필요가 있을까? 하고 있다는 것만으로도 의미가 있는 것이고, 그 행위에 대한 결과는 그리 중요한 것이 아니라고 생각한다.

# 요가를 하고 있습니다

요가를 한다고 이야기하면 대부분은 유연해졌냐고 묻는다. 어느 자세까지 배웠고 어디까지 할 수 있냐며. 무슨 질문이든 간에 나의 답은 같다.

"호흡, 나는 숨 쉬는 법을 배웠어."

요가 매트를 깔고 그 위에 앉는다. 매트는 곧 나의 삶이다. 그 위에서 내가 하는 거라곤 들숨과 날숨을 반복하는 것이다. 마음이 비워진다. 이 순간이라면 어떤 미움도, 어떤 애정도 다 보낼 수 있을 것 같은 기분이다.

더 깊이, 더 깊이. 이대로 죽어버려도 되지 않을까라는 생각이 들 때까지. 삶은 번뇌의 연속이라는 말을 조금은 이해할 수 있을 때까지.

# 하고 싶은 일

좋아하는 일을 찾고자 하는 사람은 참 많은데, 찾으려고 노력하는 사람은 얼마나 있을까? 간혹 그런 질문을 하는 친구들에게 나는 내 경험을 말해준다.

나는 그랬다. 군대 전역하고 나서 아침 7시에 올림픽공원 앞 카페에 가서 두어 시간 혼자만의 시간을 보냈다. 단 거기에는 몇 가지 규칙이 있었다. 하나는 핸드폰을 집에 두고 오는 것, 또 하나는 무조건 시간을 지키는 것.

그렇게 노트와 펜만 가지고 카페에 가, 아무거나 적고 그렸다. 그렇게 석 달 동안 나를 생각하고, 나만의 버킷리스트를 만들어 하나씩 이뤄갔다. 그러다 보니 나라는 사람의 색을 찾게 되었다.

우리는 우리 자신을 스스로 알아가는 시간을 낭비라고 생각하는 경향이 있는 거 같다. 그래서 모든 시간에 무엇을 배운다거나 증명할 수 있는 무언가를 쟁취하려 애를 쓴다. 하나 곰곰이 생각해 보면 그것들은 고작 나의 돈벌이를 위한 수단에 도움이 될 뿐 우리 본연의 자아에는 전혀 도움이 되지 않는다고 생각한다.

우리는 우리 자신을 알려고 했던 절대적 시간이 참 부족했다. 부디 멍하니 나를 생각하는 그 시간을 아까워하지 않았으면 좋겠다.

## 인력과 척력

너와 나는 마치 줄다리기를 하는 듯했다. 너를 향한 나의 인력이 클수록 나를 향한 너의 척력이 커졌다.

그 끝은 완전한 힘의 소모. 각자의 줄을 붙잡은 채로 상대방에게로 넘어가거나. 모른 척 놓아버리거나.

# 순간

왜 괜한 향수에 젖을 때 있잖아. 갑자기 거리에서 들리는 오래전 그 노래나, 우연히 맡은 익숙한 향수 냄새, 늘 가는 길이지만 오늘따라 그리운 느낌이 드는 날 말이야. 혹은 교복 입은 학생들이 뛰어갈 때 느껴지는 아련함, 기분 좋은 서늘한 가을바람이나 주방의 그릇 부딪히는 소리 같은 거.

뜬금없이 어느 순간이 그리워지는 순간.

# 쪽팔릴 필요가 없었다

고등학교 2학년 때였나? 장기자랑 인원을 뽑고 있었다. 남녀 공학에 한창 사춘기였던 나는 부끄러움이 참 많았다. 하지만 담임 선생님은 나를 지목했고 나는 쪽팔려서 어떻게 하냐며 대들었다. 그러자 그가 꿀밤을 세게 먹이더니 내게 말했다

"새꺄, 네가 팔릴 쪽이 어딨냐! 부랄 두 쪽 **빼곤** 가진 거 뭣도 없는 놈이."

당시엔 참 어처구니없는 말이었는데. 그때 그 말이 지금의 나를 움직이게 한다. 무언가를 시도하거나 나서야 할 때 서슴없이 나는 앞으로 나간다. 여전히 나는 팔릴 쪽도 없고 망한다고 할 만큼 이뤄낸 것도 없기 때문이다. 어쩌면 나는 나와 상관없는 타인을 꽤나 의식했던 것 같다.

# 행복의 영역

행복이라 하면 무언가 커다란 특별함이라고 여겼다. 하나 "행복은 손톱 아래 박힌 가시를 빼내는 것이다."라는 말처럼 불행이 소거되면 그것이 행복의 상태라고 믿는다.

불행의 원인이야 다양하겠지만, 내가 확신하는 불행의 요인은 내가 할 수 없는 것에 대한 열망과 집착이다. 그런 이유로 내가 할 수 있는 것과 없는 것에 대한 구분이 필요하다고 생각한다. 어떠한 난관에 봉착했을 때 그 상황에 빠지는 것이 아니라. 불확실하고 어찌할 수 없는 영역 속, 불행의 늪에서 빠져나와 매 순간 감사해하며 행복을 느꼈으면 좋겠다.

존재한다는 것만으로도 감사할 일이고 축복이었다.

# 침잠(沈潛)

"재현 이번 여행은 어땠어?"
녀석이 물었다.

"6일 동안 찍은 사진이 서른 장도 채 안 돼."
나는 답했다.

나만 보고 나만 느꼈던 여행이었다. 온전히 나를 위한 시간이었다. 굳이 사진으로 남길 필요도 없었고 충분히 제주의 푸른 서쪽 바다를 눈에 담고 그 바닷바람을 피부로 느끼고 돌아왔다.

누구든지 한 번쯤은 일, 관계, 여타 사념에서 벗어나 이런 여행을 하면 좋겠다고 생각했다. 오랜만에 혹은 처음으로 내가 나로서 침잠할 수 있던 6일이었다.

## 죽음에 대한 역치

근래에 스스로 생을 마감하는 '영향력 있던' 사람들을 자주 목격했다. '무엇이 그들을 죽음으로 몰아갔을까?'라는 추모의 생각이 들면서도 한편으로는 이러다가 사람들이 '죽음에 대한 역치'가 낮아지게 되면 어쩌나 싶었다. 책임감 있는 행위의 끝은 과연 죽음일까?

많은 생각이 드는 아침이다.

# 흐릿한 세상

시력 교정 수술을 받기 위해, 요 며칠 렌즈를 끼지 않고 살았다. 처음에는 참 많이 불편했는데, 3일 정도가 지나니 나름 익숙해졌다. 그리고 그 상태로 올림픽공원에 저녁 산책을 하러 나갔다. 보이는 거라곤 흐릿한 그림자들과 가로등뿐이었지만, 이 또한 나쁘지 않았다. 가끔은 뚜렷하게 보는 것보단 조금은 흐릿하게 보는 게 더 편할 수도 있겠다 싶었다. 그렇게 나는 내 앞과 옆으로 누가 걷는지도 인지하지 못한 채, 오로지 나만 생각하며 느지막한 저녁 산책로를 걸었다.

# 서울랜드

달그락거리는 롤러코스터, 빛바랜 공룡 모형, 타임머신이라는 이름의 오락실. 머리가 희끗희끗한 어트렉션 직원과 그가 밀어줘야지만 움직이는 놀이기구 카트. 공원 안에 울려 퍼지는 음악은 마치 브레멘 음악대가 연주하는듯하고, 한물간 만화 캐릭터가 그려진 철 지난 포토존.

분명 그때엔 가장 좋은 것이었을 테니까. 구닥다리보다는 클래식에 가까웠고, 마냥 오래되고 낡았다기보단 추억이 겹겹이 쌓인 누군가의 짙은 아련함이었다. 그러니 부디 그 수명이 짧지 않기를 바랐다. 언제라도 나의 유년을 기억할 수 있도록.

## 볼펜의 의미

"재현. 좋은 신발은 사람을 멋진 곳으로 데려다준다는 말이 있지. 좋은 펜으로 멋진 곳에 사인하고 이름 남기는 동구가 되길 바라는 마음에서 준비했어."

편지의 첫 문단이었다.

밥을 먹고 백화점을 들르자는 그의 손에 이끌려 간 곳은 몽블랑 매장이었다. 주고 싶은 선물이 있다며, 그는 찾는 게 있냐는 종업원의 안내에 '어린 왕자 에디션'을 보여 달라고 했다.

여담이지만 나는 '어린 왕자'라는 소설을 좋아한다. 아마 그는 이를 기억하고 그 에디션을 찾았던 모양이다. 아쉽게도 이는 4년 전 모델이었고 대신해서 추천하는, 그렇지만 이 또한 내 마음에 쏙 드는 볼펜을 선물 받았다. 얼마 전 인스타그램에서 전시를 위해 계약서에 사인하는 사진을 봤다며, 미리 선물하지 못해 아쉽다는 그였다.

"내가 성인이 되었을 때, 아버지가 쓰시던 볼펜을 선물로 받았어. 입고 걸치는 것이 나를 나타내는 방법일 수도 있지만, 중요한 일을 대하는 자세에서 그 사람의 진심을 알 수 있다고 하더라고. 그래서 의미 있는 자리에서 사인이나 글자를 적을 때는 좋은 볼펜을 쓴대. 너의 의미 있는 자리에는 늘 이 펜이 함께 했으면 좋겠다."

살면서 볼펜을 선물 받은 적은 없었다. 선물은 언제나 기분을 좋게 하다. 그 기분 좋음의 농도를 짙게 만드는 것은 주는 사람이 얼마나 나를 생각하냐인 것 같다. 가령 어린 왕자를 좋아한다는 것을 기억한다거나, 볼펜의 의미를 담아 선물을 해주는 것 또한 그런 거겠다. 나는 이 마음을 뭐라 형용할 수 있는 단어를 찾을 수 없어, 연신 고맙다는 말만 되풀이했다.

"재현이 그려 나가는 계획들이 오래도록 세상에 좋은 기운을 주는 일이 되길."이라는 편지의 마지막 문구처럼 부끄럽지 않은 삶을 살아야겠다고 다시 한번 다지는 오늘이다. 정말 말도 안 되는 일이 일어났다.

# 영주에서

저기 자네 뒤에 나무 보이지? 저 나무 나이가 몇 살인 줄 아나? 54살이야, 54살. 그니까 왜 나이가 54살이냐 하면, 우리 장인이 우리 집사람 태어났을 때 심으신 거야. 집사람이 올해 54살이거든. 원래 그 집안에 아들만 셋이었는데 장인이 딸 하나 있었으면 한 거지. 다행히 우리 집사람이 그 집 막내딸로 태어났고, 그걸 기념하려고 이 나무를 심으셨어. 어때 감동이지 않나?

덕분에 이 좋은 터에서 장인이 만들어주신 그늘 아래 장사를 하고 있는 거야. 위에 한 번 봐봐. 떡하니 우리 장인이 우리를 지켜 주시는 거 같지?

**영주 무섬마을 외나무다리 앞,
반장 명찰을 차고 계신 노점 아저씨와의 대화 중에서**

# 토요일 아침의 온기

온기는 전이된다.

"커피 좀 마시면서 해"

한창 연탄을 나르고 있는데 뒤쪽에서 한 목소리가 들린다. 허리를 구부린 백발의 여인이 연탄을 든 채 오고 가는 우리를 불러 세운다. 한 손에는 자기 팔뚝만 한 보온병을 들고, 또 다른 한 손에는 종이컵 다발과 믹스 커피 봉투를 들고 있다. 그리고 저쪽 모퉁이에 앉아, 젊은 친구들이 추운데 고생한다며 따뜻한 말들을 나열한다. 그 마음이 감사해 그녀의 앞에 서서 커피를 한 잔 빌리고 온기를 마신다. 분명 겨울이라는 데 유독 오늘은 따뜻하다. 필시 이것은 연탄을 나르는 데에서 오는 더위가 아니라 온정에서 오는 따뜻함이었다.

'아, 온기는 이렇게 전이되는구나.'

봉사라는 것이 이전의 내게는 베풂의 한 형태였다. 하지만 이제는 조금 생각이 다르다. 베푼다기보다는 나누는 것. 위에서 아래로 흐르는 것이 아니라, 옆에서 옆으로 주고받는 것이다. 마치, 이 연탄처럼.

누구 하나가 잘나서 선심을 쓰는 행위가 아니다. 나보다 못하거나 힘든 누군가를 위해 하는 행동이라기보단, 자신 스스로 위해 하는 행동이다. 운동을 하고 좋은 음식을 먹는 것과 같다. 몸을 키우고 정신을 키우듯 영혼을 키운다. 그러다 보면 나의 세상이 좀 더 맑아진다.

## 겨울을 보내야 봄이 오니까

창문에 붙인 크리스마스 장신구를 떼어 냈다. 분명 여전히 예쁘고 좋지만 이미 지난 계절을 놓아주지 못하고 있는 것 같아서, 하릴없이 바닥에 누워 창문을 보던 나는 결국 다 떼어 내기로 했다.

새벽같이 일어나 두어 시간을 붙였던 노력이 아쉽고, 몇 달만 더 붙여놓을까 고민도 했다. 하지만 그렇다고 겨울을 마냥 붙잡고 있을 수만은 없는 노릇이기에, 그렇게 한 계절을 보내주었다. 그리고 따뜻한 봄이 오기를 바라면서, 트리 장신구가 잔뜩 붙어있던 자리 위에 봄을 위한 꽃 한 송이를 올려놓았다.

# 다 똑같은 사람이라고

초등학교 고학년 때의 일이다. 당시 나는 "장애인이냐?"라는 말을 자주 쓰는 아이였다. 아니 어쩌면 이를 포함해 타인을 놀리는 데에 재미 들인 아이라고 하는 편이 맞겠다. 작은 실수나 다름 혹은 외모의 차이에서 타인을 깎아내리기 바쁜 그런 못된 심보를 가지고 있었다. 그리고 밖에서 새는 바가지 안에서도 샌다고, 언젠가는 동생에게 "장애인 같다"라고 말했고 이를 본 아빠는 나와 가장 친한 친구 놈과(지금도 여전히 소중한 친구이다.) 나를 자신의 차에 태워 어디론가로 데려갔다.

어느 시골의 낯선 건물, 서울 풍경에 익숙했던 나와 친구는 처음 보는 광경에 마냥 신났던 걸로 기억한다. 하나 건물에 들어서는 순간 그 감정은 약간의 두려움으로 바뀌었다.

그곳은 아빠가 설계했던 장애 아동 센터였다. 나와 비슷하거나 조금 어린 친구들이 있었고, 외적으로 크고 작은 차이가 있었다. 그리고 아빠는 누군가와 몇 마디 나누더니 우리를 두고 나가셨다. "이따가 데리러 올게."라는 말만 남기고.

흐릿한 기억이지만 아이들이 꽤나 나와 친구를 반겼던 걸로 기억한다. 함께 놀이를 하자고 한다거나, 같이 무언가를 만들자고 한다거나 하면서 말이다. 머리 한쪽이 움푹 팬 친구, 얼굴이 어느 부분이 일그러진 친구, 걸음걸이가 나와 다르거나, 말이 어눌하고 침을 자주 흘리는 친구 등 여러 친구와 몇 시간을 함께했는지 모른다. 하지만 분명한 것은 그 시간을 마무리할 때쯤에는 떠나는 마음이 아쉬울 정도로 잘 어울리고 시간을 보냈다는 것이다. 첫 만남의 두려움은 그 어디에도 온데간데없었다.

어느 지역인지, 건물 외관이 어땠는지는 기억나지 않지만, 그날 이른 저녁 아빠와 함께 콩국수를 먹었다는 것은 기억에 남아있다. 콩국수에 설탕을 쳐주며 그가 물었다. 저 친구들과 함께 시간을 보내며 어떤 생각을 했냐고. 아이들 정말 착하지 않냐고. 혹시 네가 칭하는 장애인이 저 아이들이었냐고.

그러면서 그는 말을 이어갔다. 장애인이라는 게 놀림거리가 되어서는 안 된다. 설마 차이가 느껴지고 그 부분에서 네가 조금 더 잘난

면이 있다고 생각해도 티를 내서는 안 된다. 감사해하며 네가 가진 것보다 조금 덜 가진 친구들에게 도움을 줄 줄 알아야 한다. 네가 내게 소중한 아들이듯 모두 다 누군가의 소중한 사람이라고. 그러니까 함부로 대하거나 놀리면 안 된다고. 우리는 다 같다고 했다. 물론 그의 메시지는 내게 남아 큰 가치가 되었다.

나이가 들수록 어린 시절 아빠의 교육에 감사함을 느낀다. 적어도 섣불리 타인을 판단하거나 이해하지 못한다는 이유로 담쌓는 일은 적기 때문이다. 또한 봉사에 취미를 가지게 되었다거나, 다른 삶과 취향을 가진 사람들과 잘 어울려 지내는 것도, 유튜브를 하는 것도 다 그의 교육 덕이라고 생각한다.

"너는 별 희한한 지인들이 다 있다."라는 말을 듣고 그 뿌리는 찾아가다 보니 어린 시절 내게 삶을 알려준 아빠가 있었다.

# 괜찮다는 말

괜찮다는 말은 나를 사랑하지 않는 말 같았다. 마치 좋지 않음을 다르게 표현한 말 같아서였다. 분명 그 상황이, 그 순간이 좋았더라면 나는 "괜찮다."라는 말보다 "좋다."라는 말을 했을 것이다. 결국 그 말은 부정의 상황에서 상대를 안심시키기 위해, 혹은 내가 나를 속이는 말이었다.

요가 선생님은 매일 아침 나에게 "오늘 컨디션은 어때요?"라고 묻는다. 이에 "좋다."가 아닌 "괜찮다."라는 답을 하면 다시 그는 묻는다.

"좋음에 '괜찮다'예요? 아니면 안 좋은데 그냥 '괜찮다'고 하는 거예요?"

"안 좋으면 어디가 안 좋아요?"

"괜찮다."를 입에 달고 사는 나에게 필요한 자세였다. 안 좋음을 괜찮다는 말로 치환하며 어디가 안 좋은지를 바라보지 못했기 때문이다. 분명 좋지 않은 것은 괜찮은 것이 아니다. 그리고 "아무렇지 않다." "괜찮다." 여기는 것이 모든 상황의 답은 아니었다. 차라리 내가 좋지 않음을 인지하는 게 나를 바르게 사랑하는 방법이 아닐까 하는 생각을 했다. 좋지 않다면 어디가 좋지 않은지 나를 들여다보고, 그에 맞는 스스로의 답을 찾는 것. 그것이야말로 '괜찮음'으로 향하는 길이었다.

분명 거지 같은 건 거지 같은 거지, 그걸 굳이 괜찮다는 말로 포장할 필요가 없었다. 타인을 배려할 필요도, 어쭙잖은 말로 나를 거짓 위로할 필요도 없었다.

# 내 사람들이 잘됐으면 하는 이유는

식물이 잘 자라기를 바라는 마음은 내게 건네줄 열매를 기대해서가 아니다. 무탈하게 뿌리를 깊이 내리고 가지를 넓혀 이파리를 키우는 것. 그렇게 잘 자라는 것만으로도 쏟는 모든 마음에 보상이 된다.

사람도 마찬가지다. 애정 하는 사람들이 잘되기를 바라는 마음은 그들의 성공에서 떨어질 콩고물을 기대하는 것이 아니라, 오랜 시간 끝에 얻은 열매로 인해 기뻐하는 모습 그 자체만으로도 내게 행복이 되어서다. 그니까 지금의 삶을 잘 버티고 무탈하게 지내는 것만으로도 내 바람을 완성이 된다. 물을 주고 볕을 쐬게 하는 마음처럼 애정을 주고 보살필 수 있다는 자체만으로 주는 행복이 있다. 이는 받는 것에서 오는 마음보다 더 순수하고 따뜻한 풍요로움이 된다.

# 너무 사랑해서 이별하는 게 아닐까?

애정 하기에 사랑한다. 사랑하기에 마음을 쓴다. 마음을 쓰기에 기대를 한다. 기대하기에 실망한다. 실망은 다툼이 되고 상처 혹은 부담이 된다. 그렇게 애정은 피곤함이 되어 버린다. 결국 사랑하기에 이별을 맞게 된다.

소위 사람은 변하지 않는다고 한다. 그럼에도 사랑의 영역에서는 예외였다. 익숙해질수록 사람이 변하며 그것을 사랑이 식었다고 말했다. 나는 나에게 물었다.

'그러면 너는 여전했냐고.'

# 올리브 나무

선물로 받았던 올리브 나무가 점점 말라갔다. 가지는 푸석해지고 이파리는 말려 가는데 제아무리 물을 주고 창가 옆 볕을 쐬게 해도 나아질 기미가 보이지 않았다. 그렇게 며칠을 검색하고 알아봤는지 모른다. 찾아본 지식을 총동원했지만, 녀석은 내 마음과 반대로 점점 더 말라갔다. 나는 녀석을 더욱 곁에 두기로 했다.

가령 샤워를 할 때면 녀석과 같이 들어가, 세면대에 세워두고 수증기를 느낄 수 있도록 하였고, 낮에는 자연의 바람과 햇살을 느낄 수 있도록 미세먼지가 심한 날에도 비가 오는 날에도 언제나 창문을 열어 두었다.

그리고 오늘, 너무나 익숙하게 화분을 들고 욕실에 들어가 샤워를 하고 스킨로션을 바르는데, 이파리가 큰 놈들부터 차례로 하나둘 제 몸을 펴고 있었다. 그 모습이 기특하고 예뻐서. 수건에 물을 적셔

이파리 하나하나 다치지 않게 살살 닦아 주었다.

식물을 키우며 사랑을 배운다. 어느 날의 특별한 이벤트가 아닌 일상에서 당연하게 주는 마음을 배우고 있다.

PS. 우리 집에는 6개의 화분이 있다. 그중 내 키만 한 만세 선인장이 있다. 너무 커서 더는 자라지 않을 줄 알았는데, 그 높은 꼭대기 위로 두 개의 작은 선인장이 고개를 내밀었다. 자기도 나름 선인장이라고, 그 1cm도 안 되는 제 몸을 꼿꼿이 세우고 있었다.

하루의 시작과 끝에 녀석들을 보고 있으면, 어쩐지 하루 동안 잡고 있던 마음의 긴장이 풀리고 평온해진다.

# 서른 중턱

어릴 적의 나는 보이는 것에 집중했다. 모든 파티, 술자리, 핫한 공간에는 내가 있어야 했다. 또한 유명한 사람과 있는 사진을 떠벌리며 그것이 마치 나를 잘나가는 사람처럼 보여줄 거라 믿었다. 온갖 신경이 외부와 타인을 향했고, 그럴수록 속은 텅 비어져 갔다.

서른 중턱이 되니 그것이 되레 부끄러움이라는 것을 안다. 숱한 술자리는 더는 자랑거리가 아니었다. 제아무리 멋진 공간에 간다고 한들 사진 한 장 찍고 나올 바에야, 가만히 앉아 책 한 권을 읽는 것이 나를 더 깊게 만든다는 것을 알았다.

떠벌리면 떠벌릴수록 내가 비어 있다는 것을 증명하는 꼴이 되었고, 그 와중에도 속을 채우는 이들은 조용히 그 깊이를 더해갔다,

이십 대 때는 몰랐던 깊이의 차이를 조금씩 느끼는 중이다. 부디 겉만 번지르르한 사람이 되지 않기를. 작년보다 올해가, 어제보다 오늘이 더 곧고 깊은 사람이 되기를 바랐다.

# 주는 만큼의 기대

"내가 준 마음만큼 받지 못하게 되면 실망하지 않나요?"

누군가 내게 물었다. 그는 타인과의 관계에서 지독히도 실망하고 아픔을 가진 사람이었다. 더는 사람을 못 믿겠다던 그는, 자신을 스스로 필사적으로 고립시키고 마음을 열지 않으려고 노력하는 것처럼 보였다. 그런 그에게 내가 말했다.

"바라는 마음으로 주는 마음에는 당연히 실망이 따라오는 게 아닐까요? 기대는 실망을 불러일으킬 거예요. 왜냐면 각자의 기대치는 같을 수 없기 때문이죠. 쉽지는 않지만 저는 주는 마음에 바라는 마음을 지우려고 해요. 제가 주는 마음은 특정 개인에게 해당하지 않기 때문이에요. 차라리 내 세상을 향한다는 말이 더 맞을 수도 있겠네요.

이런 제가 믿고 있는 것 중 하나는, 개개인에게 돌아오는 마음의 크기는 다르겠지만, 나의 세계에서 내게 돌아오는 마음의 총량은 같거나 크다는 거예요. 결국 스스로 나의 세상을 따뜻하게 만드는 셈인 거죠.

배부른 소리일 수도 있고 공감이 가지 않을 수도 있지만, 사랑하는 습관을 지녔으면 좋겠어요. 주는 마음에 기대보다는 아직 줄 수 있는 마음이 있어서, 나의 세상에 온 마음을 다해 친절을 베풀 수 있는. 그런 자신을 스스로 사랑하는 마음을 가질 수 있다면 더 좋지 않을까요?

그래서 저는 타인에게 실망하지 않으며 마음 표현을 다 할 수 있는 거 같아요. 이왕이면 삭막한 거보다야 한 번 더 마주 보며 웃을 수 있고, 둥글게 사는 게 더 좋으니까. 물론 선택은 자유고 상처받은 마음이 잘못되었다 할 수 없어요. 하지만 그럼에도 불구하고, 다시 사랑할 수 있기를 저는 바라요."

# 나이키 신발

"야 이거 네 거야. 서울까지 가서 주기는 좀 그렇고, 언젠가 네가 제주 오면 주려고 가지고 있었어."

술을 마시다 말고 친구 녀석이 내게 신발 상자 하나를 툭 던졌다. 추첨을 해야 살 수 있는 나이키 운동화였다. 언젠가 녀석이 같은 치수의 신발이 2개 당첨이 됐는데, 내 치수와도 같아서 보관해두었다는 것이다. 그 마음이 정말 고마웠고 나는 녀석에게 어떤 마음을 주었나 돌아보며 반성도 했다.

제주에서 갈치 집을 운영하는 녀석은 내가 제주에 갈 때마다 머물 곳과 삼시 세끼 심지어 차까지도 내어준다. 그리고 내 지인에게도 자신의 가게를 오면 아낌없이 베푼다. 그런 녀석이 내게 바라는 건, 저녁에 같이 소주 한잔하는 것이다. 고작 그거다. 그런데도 나는 늘 나 놀기 바빠, 주는 마음만 날름 받고선 당연한 듯 굴었다. 가까울수록 더 소홀하곤 했다. 그 마음이 오늘 이 소주 몇 병에 와르르 쏟아져 내렸고, 이제야 나는 나의 이기적인 심보를 바라보게 되었다.

나 살기 바쁘다고 내게 준 마음을 외면한 적은 없는지. 돌려주기는커녕 제대로 받지도 못한 건 아닌지. 다가오는 마음에 뒷걸음질 친 적은 없는지 돌아보는 저녁이었다. 부디 상처를 입고 떠난 인연은 없기를 바랐다.

PS. 아귀찜에 소맥을 마시고 녀석의 집에서 2차를 하는데, BBQ에서 닭다리 세트를 주문하며 녀석은 말했다.

"정재 저 새끼 이거 제일 좋아하잖아."

# 자존을 말하자면

스스로를 사랑하라 한다. 하지만 그러기에는 타인이 너무 많다고 생각했다. 비교와 경쟁이 팽배했고 우월감과 열등감이 자존의 근간이 되어 버리기도 했다. 보이지 않는 과정보다 반짝이는 결과물이 중요했고, 약한 모습은 약점이 되어버렸다. 그럴수록 더욱 타인의 주목에 목을 매었고 밖에서 주는 스포트라이트를 쫓게 되었다. 마치 그것이 선이며 빛이라 여기며.

자신을 높인다는 뜻의 자존이 실은 '자기 존중'이 아닐까? 생각했다. 타인의 사랑과 인정이 없어도 스스로 빛날 수 있는 것. 그것이야말로 건강한 삶의 방향이 아닐까. 그리고 그러기 위해서는 자신을 존중하고 애정 하는 마음이 깃들어야 할 것 같았다. 그래서 자존은 자신을 높이기 전에 자기 존중에서 시작하는 것이라 여기기로 했다.

외모, 돈, 명예 타인과 비교군에 놓이는 가치들이 모든 삶 속에 녹아 있다. 하지만 그것을 삶의 지향점으로 여기지 않기로 했다. 내가 정한 가치관 속에서 더 나은 사람이 되는 것. 그 과정에서 피어오르는 자기 존중이야말로 스스로 빛을 내는 방법이 아닐까.

# 제아무리

"네가 뜸해지면 내가 먼저 안부를 물으면 돼. 그렇게 인연의 불씨가 꺼질 때쯤 서로가 서로에게 시답잖은 연락을 한다면 그걸로 이 시절 인연을 무한정 늘어뜨릴 수 있을 거야."

제아무리 가까웠던 인연이라도 바쁘다는 이유로, 서로 다른 이해관계 속에 살고 있기에 연락이 뜸해질 때가 있다. 그럴 때면 어김없이 나는 시절 인연을 탓하며, 그저 멀어지는 광경을 지켜보기만 했다. 하나 이를 역행하는 인연이 있었다. 뜬금없는 안부 문자와 아무 목적 없는 전화는 잊고 살던 내게 손을 들며 "나 여기 있어."라는 부름과도 같이 느껴졌다. 그리고 그에 화답하듯 전보다 더 가까워질 수 있었다.

그니까 시절 인연이라는 거, 그 한 시절이라는 것은 언제든 무한으로 늘릴 수 있을 것 같았다. 관계를 이어 나가는 것은 나와 결이 맞는지 맞지 않는지의 문제가 아닌, 얼마나 인연을 소중히 하고 지키려고 노력하냐의 문제였다.

분명 나와 비슷하거나 도움을 받을 수 있는 인연이 더 좋을 수 있다. 그렇지만 제 입맛에 맞는 것만 챙기는 것은 편식이고, 스스로를 편협하게 만들 수도 있겠다는 생각을 해봤다.

# 답장의 의미

답장도 선택이었다.

꽤나 오래전 일이다. 당시 만났던 여자친구에게 자주 혼이 났던 부분이 있었다. 페이스북은 로그인이 되어있으면서 왜 카톡 답장은 안 했냐는 게 그 이유였다. 사실 당시에는 그 점이 이해되지 않았다. 그깟 답장 조금 느리게 할 수도 있지, 라는 게 내 생각이었다.

하나 나이가 한두 살 먹고 시간이라는 것이 아까워짐에 따라, 답장의 속도가 마음의 크기라는 것을 알아간다. 비단 답장뿐만 아니라 만남도 마찬가지일 것이다. 누군가를 위해 시간을 내는 일은 보통의 애정으로는 되지 않은 것임을 안다.

언젠가부터 핸드폰은 삶의 일부가 되었다. 공중전화로 부재중 메모를 남기고, 약속 장소에서 하염없이 기다리는 일은 까마득한 옛날 일이 되었다. SNS를 통해 나의 실시간을 공유하며 핸드폰을 손에 쥐고 다니는 것으로도 모자라, 손목에도 차고 다니면서 수시로 메시지를 확인한다. 그러니까 연락의 수단은 차고 넘치는 세상이었다.

술을 마시다 친구가 물었다.
"내 카톡은 안 보면서 인스타그램 스토리를 보는데 이게 도대체 뭐냐?"

그리고 나는 답했다.
"뭐긴 뭐야, 고작 그 정도일 뿐인 거지."

# 결혼하는 딸에게 아빠가

"우리 보미는요 어릴 적부터 속 한번 썩이지 않았어요. 알아서 공부도 잘하고 취직도 잘하고. 제 딸이지만 참 잘 자랐다고 생각합니다. 그리고 애교는 얼마나 많은지 저희 집에 재롱둥이가 따로 필요 없을 정도예요.

사실 제 딸은 원래 스스로 비혼주의자라 하며 다녔었거든요. 그런데 어느 날 진우 군을 만나더니, 결혼을 하고 싶다 합니다. 참 웃기죠? 이 감정을 뭐라 표현할까요? 오묘한데. 결혼한다는 딸의 말이 반가우면서도 시원섭섭하고 그렇습니다. 저의 울타리를 떠난다는 게, 더 이상 우리 딸의 애교를 수시로 집에서 볼 수 없다는 게 서운하면서도 사랑하는 사람을 만나 결혼한다는 게 너무나 기쁜 오늘입니다.

진심으로 축복하고 싶은 이 두 사람에게 결혼 30년 차 선배로서 딱 한 가지만 당부하고 싶네요. 세상의 모든 것은 변해요. 부유는 가난이 되기도 하고 사랑은 미움이 되기도 하죠. 하지만 딱 한 가지 변하지 말아야 할 게 있어요. 바로 서로를 위하는 마음이에요. 부디 그 마음은 변하지 않고 서로를 아껴주기를 바랍니다."

수십 년을 자신의 울타리에 있던 존재를 독립시키는 부모의 마음을 헤아릴 수 있을까. 어찌 됐든 간에 조건 없는 내리사랑에는 그 어느 것을 저울질해 봐도 그 가치를 감히 환산할 수 없었다.

오늘 나는 딸을 독립시키는 아버지의 솔직한 마음을 단상 위 올곧은 자세에서 차마 숨기지 못한 떨리는 그의 어깨에서 보았다.

# 행복은 0에 수렴한다

큰 행복을 부러워했다. 소년 등재를 배 아파하기도 하고, 막대한 부를 동경하기도 했다. 그러다 누군가 말했다.

"행복은 0에 수렴한다"

큰 행복 뒤에는 반드시 상응하는 불행이 온다며, 그러니 사사로운 일상의 행복을 만들어 가자고 했다. 분명 높아질수록 깊게 떨어질 테니.

그 말, 맞는 말이었다. 그니까 큰 행복을 갈망하며 보통의 하루를 손가락 사이로 흘러내리는 모래 마냥 보내는 것이 아니라, 사사로운 일상에 행복을 찾고, 매일을 불행 없는 하루로 만드는 자세가 필요했던 것이다.

"행복하나?"라는 질문에
"행복하다."라는 답보다 "불행하지 않다." 답했다.
불행하지 않으니 이것은 분명 행복일 거라 여기며,
행복의 범주를 넓혀가는 것도 제법 괜찮은 삶의 자세가 아닐까?

# 낭만은 어디에서든 쉽게 펼 수 있었다

남자 둘, 여자 하나가 삼겹살에 소주를 마신다. 한 병 두 병 늘어나는 술병 때문일까? 아니면 돼지기름을 머금은 숯불의 굵기가 커서일까? 세 사람의 얼굴은 발갛게 상기되어 있다. 잠시 후 혼자 앉아 있던 남자는 갑자기 자리에서 일어나 밖을 나섰다. 이윽고 돌아온 그의 손에는 꽃 한 다발이 들려있었다.

"녀석이 여태껏 자기 여자친구를 소개해 준 적이 없었는데, 이 녀석 좀 잘 부탁해요."

라는 말과 함께 여자에게 꽃을 건넨다. 여자의 얼굴에는 입가에서부터 눈꼬리까지 미소가 번진다. 그리고 여자의 옆에 있던 남자는 일어나 꽃을 건네는 남자를 안아준다. 어쩐지, 그 모습이 참 좋다.

나에게 있어 청춘은 어렸다. 그리고 낭만은 청춘의 점유물이라고 생각했다. 하지만 이날, 얼추 불혹을 넘겨 보이는 남녀의 모습에는 낭만이 담겨있었다.

사업 이야기, 학점 이야기, 사람 사는 속세 이야기로 가득한 고깃집에 한 폭의 낭만이 폈다. 몇 번의 소주잔이 비워진 후에야 그들은 자리를 비웠고, 그 빈자리는 여느 테이블과 다름이 없었다. 어쩌면 낭만도 고깃집의 아무개가 앉다 간 숱한 테이블과 같은 게 아닐까 싶었다. 그렇게 낭만은 어디서든 쉽게 펼 수 있는 것 같았다. 어디에서든 낭만이 될 수 있었다.

# 뜨겁지 않은 사람이 되는 것에 대하여

뜨겁지 않은 사람이 되고 싶었다. 잦은 실수를 거듭하며 삼십 대가 되었고 이젠 제법 뜨겁지 않은 사람이 되었다고 스스로를 여긴다. 웬만한 일엔 쉽게 화를 내지 않고 미워하지 않으면서 평온을 유지한다.

하나 화를 내지 않는 만큼 흥분하는 일도 사라졌고, 미워하지 않는 만큼 크게 좋아하는 것도 사라졌다. 우는 만큼 웃을 수 있다는데 우는 법을 잊어 웃음의 진폭 또한 낮아졌다. 뜨겁지 않은 사람이 되고 싶었는데 나는 어느 것 하나 뜨거울 수 없는 미지근한 사람이 되어 버렸다.

다시 뜨거워질 수 있을까?

# 유독

"사회 생활하느라, 오늘도 참 수고했어."

하루의 끝을 맺는 문장이었다. 별것 아닌 문장인데 그 단어와 단어 사이에 남겨진 내가 아리기 시작했다. 새겨진 페르소나는 스스로조차 인지할 수 없을 만큼 새로운 자아가 되었고 가면 속 자아는 상처를 입는 줄도 몰랐다.

늘 상 나를 돌아본다고 하지만 이미 두텁게 쓰인 페르소나를 걷어내기란 여간 쉬운 일이 아니다. 그렇게 돌아보고 직면하며, 익숙하다고 당연하다 여겼던 나의 것들에서 모순을 찾아낸다. 그 모순의 뿌리에는 언제나 부정성이 있다. 그 또한 아직 어린 내게 언제나 풀리지 않는 난제이다.

# 본질의 부재

외부에서 오는 스포트라이트는 스스로 발광하지 못하는 이들이 찾는 명패와 같단 생각을 했다. 이름 앞에 수식어를 붙이는 꼴이 스스로 이름을 더 하찮게 여기는 듯 보였다. 온몸엔 고가품을 명품이라 여기며 치렁치렁 매달았고, 그것이 자신의 값을 올려준다 믿었다.

하지만 고가품은 명품이 아니다. 수식어는 이름을 대신하지 못한다. 옮겨 적은 글은 절대 자신의 글이 될 수 없으며, 그럴싸한 명언은 결코 내 삶의 지침이 될 수 없다. 그러니까 삶의 주도권은 내가 쥐고 있어야 한다.

삼십 대를 '이립(而立)'이라 하는데, '마음이 확고하게 도덕 위에 서서 움직이지 않는 나이'라는 뜻이다. 그리고 요즘 나는 그 뜻을 깊이 느끼는 중이다. 어떠한 외풍에도 휘둘리지 않는 자존의 필요성을 느낀다. 본디 자존은 자기 존중이라 믿는 터라, 그 존중을 위해 스스로 올바른 가치관을 세우고 따르는 것이 자기 존중이 시작이라 확신한다.

도처에는 유혹이 많다. 허상도 많고 본질은 죽어간다. 비교와 결과 중심의 사고는 이미 습관으로 깊이 새겨졌다. 그래서 더욱이 스스로 발광할 줄 알아야 한다고 믿는다. 어떠한 외풍에도 휘둘리지 않도록, 자기 존중을 실천하며 자신의 우주를 떳떳하게 바라볼 수 있도록.

# 부정성에 대하여

'우울, 죽음, 고독.' 부정성에 대해 외면하려는 이들이 있었다. 마치 좋은 것이 아니며 멀리하고 숨기라는 식으로 말이다. 어쩌면 그것이 되레 마음속 깊은 수렁을 만드는 것이 아닐까?

'울면 안 돼'라는 문장은 동요가 될 정도로 우리는 울음에 대한 부정을 교육받아왔다. 마치 울음 자체가 나쁜 것인 양 말이다. 하나 나는 많이 웃는 만큼 많이 울어야 한다고 생각한다. 감정이라는 것도 진폭이 있기에 '+'가 있다면 '-'도 있다고 믿는다.

그래서 나는 펑펑 울 줄 아는 사람이 좋다. 감정에 솔직한 사람이 좋다. 오글거린다, 민망하다는 이유로 표현을 숨기는 이들보다 좀 더 쉽게 알아들을 수 있게 표현해 줄 수 있는 사람이 좋다. 힘들면 힘들다고 말할 수 있는 사람이, 씩씩해 보이려고 애쓰는 사람보다 나는 더 좋다.

우울에 빠지는 것이 정신병은 아니다. 외로움을 타는 것 또한 애정 결핍이라 칭해질 수 없다. 마치 늘 웃고 긍정적인 사랑에게는 '조증'이라 하지 않는 것처럼 말이다.

그렇게 다면의 나를 바라봐 주는 것, 부정성조차 인정하고 받아들이는 것이 좀 더 건강한 정신을 가지는 방향이 아닐까 생각했다. 두터운 거짓 가면을 벗어던져 괴리감에서 벗어나고, 서로가 서로에게 더 솔직해지며 가까워지면 외로움이 조금은 소거되지 않을까?

# 선인장이 왔다

친구가 독립 선물로 만세 선인장을 선물해 주었다. 처음엔 뭐 이렇게 실용성 없는 선물을 해주나 생각했지만, 수개월이 지난 지금 이 선인장은 내 하루에 가장 큰 부분이 되었다. 누군가에게 애정을 주는 것, 그거야말로 진짜 행복임을 눈을 뜨는 순간부터 감는 순간까지 배우는 중이다.

매일 아침, 내가 하는 일은 침상을 정리하고 내려와 선인장을 보는 것이다. 크게 하는 행위는 없다. 그냥 멍하니 바라보고 말을 건다. 모든 생명에게는 애정이 담긴 말이 필요하다는 미심쩍은 말은 이제는 조금씩 믿는다.

오늘은 사랑한다고 연거푸 아이들에게 말했다. 거실에 덩그러니 쭈그리고 앉아, 사랑해, 사랑해라고 말하는 내가 마치 나에게 하는 말 같았다. 이토록 "사랑해"라는 말이 애절한 거구나, 요즘 내가 사랑한다는 말을 한 적이 있던가 라는 생각에 아침 댓바람부터 울음을 터뜨렸다.

"사랑해, 사랑해."

사랑할 수 있어서 다행이었고, 몹시 서러웠던 아침이다. 약속은 다 취소해야겠다. 오늘 하루만큼은 위로를 받고 싶지만 마땅한 이가 떠오르지 않는다. 그냥 쉬어야겠다.

# 낭만이 옅어진다

매체는 많아지는데 우리는 고립되어 갔다. 아날로그는 빈티지가 되었다. 발 디딘 곳보다 모니터 속 세상이 더 익숙해지고 그 안의 가치에 사람들은 열광한다. 어떤 원숭이 얼굴은 몇 백억의 가치가 붙는데 이를 만질 수도, 벽에 걸 수조차 없다.

전시 공간이라는 곳은 텅 빈 공간에 의미 없는 영상들로 채워지고, 우습게도 그곳이 시대의 포토존이 된다. 작품을 보는 건지, 인스타그램에 올릴 사진을 구하는 건지 의문이다.

소위 베스트셀러에 오른 작가들은, 과연 그들이 작가인지 마케터인지 구별이 되지 않는다. 투자, 성공과 같은 주제의 자기개발서는 불티나게 판매가 되는데 시집과 인문학 서적의 실적은 부진하다. 애정하고 존경하던 시인과 작가들이 서서히 모습을 감춘다. 낭만이 옅어진다.

다들 돈, 돈. 거리며 혈안이다. 기업의 가치, 시장의 방향, 자본의 흐름은 기가 막히게 알고 공부하면서 정작 스스로의 내면에 대해서는 잘 알려고 하지도, 들여다보지도 않는다. '일기'는 방학 숙제가 되었다. 편지는 카카오톡 선물하기보다 번거로운 선물이 되었다. 아날로그는 빈티지가 된다.

# 편식하지 말아라

어린 시절 엄마는 말했다. 덕분에 편식은 되도록 하지 않는다. (당근은 예외지만) 유튜브를 켠다. 추천 리스트는 온통 빅뱅이다. 아마 전날 빅뱅 영상을 무진장 본 탓이겠지. 알고리즘이라는 건 참 무섭다. 사람들로 하여금 편식하게 만든다. 다양성을 배척하고 뜻이 맞는 이들끼리 똘똘 뭉치게 한다.

다들 MZ 세대 MZ 세대 하는데, 기성세대를 꼰대라 칭하며 선을 긋고, 사회생활보다 개인 생활을 더 중요시하고, 책보다 넷플릭스에 열광하고, MBTI라는 고작 8개의 알파벳으로 감히 타자를 가늠하고, 제멋대로 언어를 망가뜨리며 그것이 유행어라 시시덕대는 것이 MZ 세대라면 나는 차라리 꼰대의 편에서 시대에 뒤처진 삶을 사는 게 낫겠다고 생각했다.

# 꽃은 꽃대로

제아무리 시든 꽃에 물을 갈아 준다고 해도, 다시금 스스로 색을 발하며 생기를 되찾지는 못했다. 그 꽃을 꺾는다고 해서, 그 향기가 내 것이 되지는 않았다. 꽃은 꽃대로 내버려 둘 때 가장 아름다웠고 곁에 오래 머물 수가 있었다.

제멋대로 꺾고 아름답게 다발을 만드는 것만이, 너른 들판 위 그대로의 꽃을 사랑하는 건 아니라고. 결국 향기를 가지고 싶다는 나의 욕심으로 사랑하는 꽃을 시들게 만드는 아이러니였다.

꽃을 꽃대로 사랑했으면서, 애정이라는 이유로 소유하고자 하는 마음이 결국 그 꽃을 꽃대로 하지 못하게 해 결국 죽어버리게 했다.

# 너 유튜브 주소가 뭐냐?

처음 유튜브를 시작했을 때 주변의 여러 피드백이 있었다. 물론 촬영과 편집의 스킬에 대한 피드백도 있었지만, 콘텐츠에 대한 피드백도 상당했다. 그도 그럴 것이 우울증, 퀴어, 당시 사회문제로 쉽게 거론되지는 않던 사람들에 관한 이야기가 다수였기 때문이다.

굳이 왜 이런 콘텐츠를 하냐, 너 스스로가 주인공이 되어 보는 건 어떠냐 등의 말들도 많았다. 하나 유튜브를 시작한 지 약 2년이 되었고 지금도 나의 가치는 같다. 가장 순수하게 타인의 삶을 그 사람의 세계 안에서 주관적으로 토해내어 있는 그대로를 담아내는 것이다.

그리고 이따금씩 나의 결을 좋아해 주는 사람들이 메시지나 댓글을 남겨 줄 때면, 더할 나위 없는 뿌듯함과 기쁨에 싸인다.

얼마 전 우울증을 앓던 친구 녀석에게 메시지가 왔다. 나의 유튜브 주소가 뭐냐고. 그리고 그는 말했다. 덕분에 잘 봤다고.

십여 년을 알아 오면서 나의 정적인 면보다는 망나니 같은 면을 더 많이 본 녀석인데, 다른 면 또한 받아들여진 것 같아서 기분이 묘했다. 이처럼 서로 오글거린다며 속내를 터놓지 않던 주변 친구들이 되레 또 다른 나를 통해 속된 말로 '쪽팔린 이야기'를 쉽게 하는 모습을 보면 괜스레 나의 이면을 더욱 애정 하게 된다.

# 사랑을 못 하는 저주

"형은 저주에 걸린 거야, 사랑을 못 하는 지독한 저주에."

소주잔을 부딪치며 녀석이 말을 했고, 거기에 대해 나는 뭐라 할 말이 없었다. 누가 소설을 쓰는 놈 아니랄까 봐, 표현 또한 저랬다.

사람이 많다는 것이, 두루 애정을 받고 산다는 것이, 사랑에 있어서 이기적인 자세를 취하게 하는 저주와도 같았다. 아쉬울 게 없다는 태도는 분명 시건방이었고 관계에 대한 예의가 아니었다. "겁이 나서 그래.", "상처받을까 봐 그래."라며 변명을 해보아도 이는 마땅한 변호를 해줄 수 없었다. 결국 사랑을 못 하는 지독한 저주란 말이 제격인 꼴이었다.

황금시대의 오류에 갇혀 과거를 회상하다 현재를 놓친다. 지나간 현재는 다시금 새로운 과거가 되어 다가오는 오늘을 직면하지 못하게 만든다. 과거로 회귀하는 무한 굴레인 셈이다.

제아무리 사랑의 글을 써도, 몇 권의 책을 읽어도 아직 우리에게 사랑은 철마다 변종 되어 찾아오는 감기처럼 늘 새롭고 어렵기만 했다. 지루했던 연습은 그만해도 된다며, 이번엔 진짜라고 사력을 다해보아도 결국 늘 남은 그 자리는 죽은 추억들만 겹겹이 쌓인 폐허였다.

**"나한테만 왜?"**
라는 질문들로 시작된 이야기들을
모아 놓은 공간, dear_

dear_ 친애하는 당신에게

# 나는 그 말이 제일 싫거든, 그래도 가족이니까

나는 사람들을 만날 때면, 특히 사회생활을 하면 보통 그냥 '고아'라고 말을 해요. 디테일하게 누군가 물어보면 계속해서 나는 거짓말을 할 수밖에 없어. 왜냐면 나는 내 마음속에서, 아예 그들을 지우고 살아가는 편이라.

관계가 좀 복잡하긴 한데 친어머니는 내가 두 살 때 돌아가시고, 새어머니 손에 컸어. 아버지가 좀 더 현명한 분이셨다면 가운데에서 중재를 잘하셨을 텐데, 부족하신 분이셨지 많이.

초등학교 때 우리 집은 언제나 할머니와 새어머니가 서로 머리끄덩이를 잡고, 아버지는 매일 술에 취해서 살았었어. 새어머니한테는 말 한마디도 못 하면서, 제 어머니나 어린 자식인 우리는 때리고.

진짜 많이 맞았어. 진짜 내 인생의 최악의 시기를 뽑으라면 그때 2년일 거야. 진짜 이틀 걸러 한 번씩 맞았어, 공부하라고. 결국 간신히 인문계에 들어갔는데, 그러다 보니 승부욕이 생겨서 공부를 좀 더 하게 됐어.

우반의 야자는 자정에 끝나곤 했는데, 어머니들이 다 태우러 왔어. 애들은 엄마가 삼겹살 구워준대, 치킨 시켜 준대. 하면서 웃으면서 들어가. 근데 나는 집에 들어가면 술 취한 아버지한테 맞기 싫어서, 겨우 김치 하나 꺼내곤 방에서 조용히 밥만 먹었어. 그러다 아버지가 일어났다 하면 또 맞고. 그러다가 다행히 서울로 학교를 붙어서 올라왔는데, 그제야 깨달았지.

'잘못된 가정에서 내가 자랐구나.'

너무 분하고 너무 억울했어. 왜 나는 이런 집안에서 자랐지? 하루에 한 시간 자면서 일 년을 보낸 적도 있어. 욕심이 너무 많아져서. 지기도 싫고. 내가 모자란 사람 밑에 큰 게 티 나는 게 너무 싫어서, 숨기면서 악착같이 살았던 거 같아. 지금 서른 살이 되고 나서 보니까, 어느새 나는 그들이 없어도 되는 사람이 됐어.

친한 사람들은, 너 너무 이기적이라고. 냉혈한이라고 그래, 가족한테 그러는 거 아니라면서. 근데 그게 어때서, 왜? 난 누구보다 열심히 살고 있고, 이제 어디 가서 꿀리지도 않아. 내가 당당할 수 있는 이유는 내가 잘못한 건 없다는 이유야. 윗세대가 준 고통일 뿐이지, 내가 잘못한 게 아니잖아.

당당하게 말해. 집에 아무도 없어서 외롭다고, 가족이 없어서 외롭다고. 힘든 것도 맞고, 괴로운 것도, 슬픈 것도 맞아. 남들도 그래, 모두 그들만의 이유로. 그래서 아파하지 말라는 이야기가 아니라, 숨기지 말고 그걸 감춰야 한다는 이유로 스스로 아파하지 마.

그러니까 내가 하고 싶은 말은 내가 하고 싶은 말은 특별한 아픔이 아니라는 거야. 그냥 아프면 아파해, 숨기지 말고.

# 죽으려고 뛰어내린 순간, 미친 듯이 살고 싶더라

15년도가 됐을 때쯤에 기본적인 생계를 위한 돈 문제는 해결했었어. 그러다 이젠 내가 장남으로서 사는 거, 가족, 화목, 사랑, 행복 이런 것들을 해보고 싶더라고. 그래서 아버지 술도 사드리고, 집안 생활비도 좀 보태 드리고. 근데 그 사람은 또 날 이용 하더라. 점점 원하는 액수는 많아지고, 저지르는 사고의 크기는 커지고. 한 몇 달 지내다 보니까 의미가 없더라고. '안될 종자'라는 생각이 딱 들었어.

그래서 결국 가족을 놓고 다시 지내는데, 우울증이 되게 심하게 왔어. 하루 종일 혼자 술만 먹고, 밖에도 안 나가고 그렇게 한 6개월 보냈나? 어느 날 아침에 눈을 떴는데 살아가야 하는 이유를 못 느끼겠더라고, 하나도 행복하지 않은 삶을 왜. 아무것도 변한 건 없고, 아무것도 바뀌지 않으니까.

그래서 그날 아침 유서를 써서 책상 위에 올려 두고, 내가 가장 좋아하는 옷들을 입었어. 그리곤 너무나 소중하게 생각하는 사람들에게 급히 연락했지. 당시 내가 너무나도 사랑했던 전 여자친구. 급하게 만나 밥 한 끼를 먹고, 지금은 '우리 형'이라고 말하는 내가 가장 사랑하는 친구를 마지막으로 만나서 술도 마셨어. 그리곤 택시를 탔는데, 올림픽대교 남단에 내려 달라고 하면 너무 이상하잖아. 이상한 사람 취급하고 경찰에 신고라도 하면 어떡해. 그래서 병원 앞에 내려서 육교로 올라갔지. 그리고 대교로 걸어가다 중간에서 뛰어내렸어. 근데 진짜 재밌는 게 내가 수영을 못해. 그래서 물에 잠기는 순간 살려 달란 말이 미친 듯이 튀어나오는 거야.

한참을 소리를 지르다가 생각해 보니까 나 여기 죽으러 왔는데 왜 이러고 있지? 그래서 모든 걸 포기하는 동시에 눈앞이 깜깜해졌어. 눈을 떠보니까 내 아버지라는 인간과 전 여자친구. 그리고 내 첫째 동생이 있더라고. "네가 뭔데 날 살리냐" 부터 시작해서 "저 죽어버릴 새끼 내 눈앞에서 치워라." 소리쳤지. 근데 그때 쇄골뼈가 깨지고, 폐는 찢어지고, 간까지 뭉개져서 절대 움직이면 안 되는 상황이었어. 결국 중환자실에 압박붕대가 감긴 채로 9일을 버티게 된 거야.

중환자실에는 드라마에서나 영화에서나 보던 것들이 진짜 있더라고. 심장 박동이 갑자기 **빨라진다거나**, 사라진다거나. 한 환자한테 의료진이 몰리다가도, 어느새 그 침대가 **빠져** 있거나. 그때 그런 생각이 들었어.

"세상이 나의 죽음을 막는 건가? 아니면 내가 겪은 상처만큼의, 슬픈만큼의 행복이 나한테 오려고 하나?"

그때부터였던 것 같아. 내 성격이 바뀌고 의지가 바뀌고 나를 뜯어고치는데 매우 큰 노력을 했던 시점이. 가족에 대한 자격지심, 자기비하, 원망, 나를 못살게 굴던 것들. 그때 정말 많이 바뀌었어. 그때부터 바꾸려고 노력하고 지금도 하고 있지, 왜냐하면 나라는 사람이 너무 불쌍하고 안쓰럽더라고. 그래서 내가 더 많이 보듬어 주게 되었고, 일부러 나를 상처 입힐 필요가 없다고 생각하게 된 것 같아.

우리 다 행복해져도 되는 자격이 있는 사람이니까. 나는 그렇게 살고 있어.

# 삼십 대, 너무 많은 고민을 하지 않으려 해

나는 그냥 요새 힘든 것들 그런 것들을 너와 대화하려고 왔어. 나이가 들면서 바뀌는 것들에 대해서도 생각이 많고, 나이를 먹는 게 이런 거구나 하고 체감을 좀 하는 것 같아.

확고한 미래가 없는 사람한테는 나이 드는 게 더 두려운 것 같아. 사회적인 어떤 흐름에 맞춰서 이 나이 때는 이 정도를 이뤄야 한다거나, 이 나이 때는 결혼을 해야 할 것 같은 그런 것들 있잖아, 그런 거에 맞춰서 해나가지 못하고 있거나, 아예 목표가 없으면 좀 두려운 거 같아. 나는 그래서 요새 이런 걸 이겨내기 위해서 부단히 노력해봤는데 쉽지 않더라고. 혼자서 이겨내기에는 가보지 않은 길이니까. 이미 가봤던 사람들의 얘기를 들어도 사실 나랑은 똑같은 길이 아니라는 걸 아니까. 들으면서도 한편으로는 또 공허해지는 게 있고, 더 고민해도 해결되지 않는 것들도 있는 거 같아.

군대 갔다 오면 이 정돈해야지, 서른이 되면 나는 아마 그 정도는 하고 있지 않을까? 라는 기준을 나 스스로 만들어 놨어. 근데 그걸 하나도 이루지 못하니까 약간 자책을 많이 했던 것 같아, 자존감도 많이 떨어지고. 사실 누가 정확히 너는 서른에 이걸 해야 해. 라고 얘기하는 사람은 없었어. 그냥 스스로 느낀 거지, 뭔가 그래야만 할 것 같았고.

요새는 결혼하는 사람들이 좀 부러워. 그리고 또, 안정적으로 직장을 다니는 친구들도 부러워. 그 친구들도 가끔 나한테 전화하면 꿈을 포기하지 않은 내가 부럽다고 하는데, 사실 각자 가지지 못한 것에 대해서 부러워하는 게 당연한 것 같아.

"부러운 거는, 부러운 걸로."

자기 컨트롤이 중요한 거 같아. 남을 축하해줄 수 있는 마음을 가지는 것도 정말 좋은 것 같거든. 남을 진심으로 축하해주지 못하면 사실 너무 스스로 힘들지 않을까? 그래서 축하해 줄 기회가 왔을 때는 열심히 축하해주는 게 좋은 것 같아. 혼자서는 살 수 없는 세상이잖아. 음악하고 이렇게 성공하고 싶은 이유도 주위 사람들에게 "어, 나 저 친구 안다고." 자랑스럽게 얘기할 수 있고, 나를 지지해 줬던 친구들한테 내가 결국에는 보답하고 싶은 마음이 크기 때문에 성공하고 싶은 것 같아.

못하는 나를 자책하는 것보다는 솔직하게 내가 이건 못하고 이거는 잘할 수 있고. 이거는 나중에 더 잘할 수 있다. 이렇게 좀 더 현실적으로 바라봐서 겸허히 하는 거지, 할 수 있는 선에서. 계속 스스로를 밀어붙이는 것보다 '여기까지 해낼 수 있을 것 같아.' '요거는 해보자.' 정도도 충분하지 않을까 싶어.

내 본질적인 고민은 더 나은 사람이 되고 싶다 에 대한 고민도 있어. 근데 고민을 너무 많이 하지 않으려 해. 결국에는 당장 앞에 있는 거를 잘 해결해 나가는 게 나한테도 중요하고 미래 나한테도 중요하니까.

근데 사실 생각이 너무 많아지면 앞으로 나아갈 수도 없어. 생각하느라 앞에 못 간 적이 있거든. 그래서 한 번씩 생각하고 또 앞으로 묵묵히 가는 건 좋은 것 같아.

# 꿈을 지키는 것만큼,
# 꿈을 포기하는 것도 난 용기라고 생각해

다른 걸 하다 열아홉 살 때, 남들보단 음악을 늦게 시작했어. 음악을 만들고 연주하는 것에 대한 어떤 꿈 같은 게 있어서, 그때부터 지금까지 여러 밴드를 했었고, 장르도 다 다양하게 했어. 해보고 싶은 거 다 해 봤었던 것 같아.

사실 음악을 시작했을 때 그때 나를 좀 더 믿고 계속 이어 나갔었던 게 음악을 꾸준히 할 수 있었어. 그리고 이제 거의 10년이 넘어서 느끼는 건, '해보고 싶다'가 아직도 남아있다는 거야. 누군가가 음악으로 위로를 받거나 어떤 좋은 영향을 받았다는 말을 들을 때면, 사실 몇 날 며칠을 밤새웠던 것도 다 괜찮아지더라고. 그래서 '아, 좀 더 힘을 내서 해볼 수 있겠다'라는 생각이 들었어.

좋아하는 걸 한다는 건, 좋아하는 만큼 힘든 일인 것 같아. 좋아하지 않은 일을 해서 쉽게 성공하지 못할 거라는 것도 알고, 좋아하는 일을 한다고 해서 쉽게 행복해지지 못할 거라는 것도 알아. 그 모든 건 개개인의 선택인 거지.

내가 좋아하는 것을 하는 이유는, 단순해. 이걸 하지 않는 때의 내 모습보다는 좀 더 좋은 것 같아서야. 전보다 좀 더 성숙해지고, 배우는 것도 많아졌기도 했고. 근데 행여, 좋아하는 일을 하지 않는 시점이 온다면, 그때는 정말 다른 일이 좋아져 버렸거나 혹은 생계를 유지하기 위해서 한 선택이지 않을까 싶어. 근데 설사 그렇게 되더라도 후회 없이 하고 난 후라면, 그때의 나는 마음 편하게 다음 챕터로 넘어갈 수 있을 것 같아.

사실 좋아하는 일을 찾는 것은 쉬운 사람은 쉽고, 쉽지 않은 사람은 너무 어려운 일이지. 나 또한 찾는 데 오랜 시간이 걸렸고, 거기다 찾는다고 해서 끝도 아니야. 근데 좋아하는 일을 찾는 그 과정을 스트레스 받지 않았으면 좋겠다는 생각은 들어. 이왕 찾는 거, 내게 좀 더 기분 좋은 여정이 되면 좋으니까.

음악을 하면서 힘든 점은 되게 많았지만, 딱히 스스로 마음속에 담아 두거나 기억하려고 하지 않아. 지금은 좀 더 좋은 음원을 만들고, 더 좋은 공연을 하고 싶은데 그런 게 잘 안될 때 많이 힘이 드는 거 같아. '더 노력해 써야 했나?', '내 최선은 여기까지인가?' 그렇지만 늘 후회 없이 하기에, 과거에 대해선 이제는 조금 연연해하지는 않는 것 같아.

꿈을 향해 간다는 건 너무나 응원해주고 싶어. 하지만 생계라는 단어가 너무 크게 와닿는 사람들이 많고, 그래서 꿈을 포기한 사람들도 많으니까. 그렇기에 꿈을 포기하는 것도, 사실 용기라고 나는 생각해. 꿈을 포기하지 않는 것만큼이나, 포기하는 데 있어서 참 많이 힘들었을 거야. 그런 모두에게 커다란 응원을 해주고 싶고, 혹여나 갈림길에 서 있는 사람들에게는 심한 채찍질보다는 좀 더 침착하고 다정히 자신에게 솔직해졌으면 좋겠어.

남들 눈치 때문에 내가 꿈을 포기를 못 하거나 남들 눈치 때문에 내가 꿈을 포기했거나. 이런 것보다는 좀 더 자신을 스스로 되돌아보며 후회하지 않는 선택을 했으면 좋겠어. 조금 더 버티고 싶으면 버텨 보고 후회하지 않을 만큼 버티고 나서는 그다음에 다시 생각해 보면 되지 않을까?

# 애정이라는 부모의 관심이 폭력일 때가 있더라

작년 요맘때쯤에는 아르바이트하던 곳에서 매니저를 했었어요. 주 5일, 하루에 12시간씩 보내다 보니까 금전적 여유에 더불어 마음의 여유까지 꽤 있었죠. 지금은 생계유지를 위한 일보다는 조금 더 시간과 제 생각에 투자할 수 있는 일 위주에 있어요. 시간적 여유는 되게 많이 생긴 대신, 잔고가 굉장히 치열해지게 됩니다. 좀 불안할 수 있지만 '비워둬 보자'가 요새 제 키워드예요.

내가 좋아서 선택한 삶이야! 그러니 책임을 져야 해! 라는 생각에도, 문득문득 내가 쥐고 있던 것들을 내려놓는 순간 이건 진짜 아무것도 아니게 되어 버린다. 라는 불안이 찾아와요. '이걸 내려놓으면 나는 뭘 하는 사람이지?'에 대한 무서움? 걱정 같은 게 올 때도 있고, 또 막상 잡고 있던 게 아주 대단하지도 않고. 그저 이걸 꾸준히 잡고 있다 보면, 재미있는 일이 생길 거라는 낙관으로 대부분을 지내는 것 같아요.

저는 대학교에 가면 모든 걸 다 해줄 것처럼 부모님이 말씀하셔서, 지금 생각해 보면 열심히 공부했고 굉장히 모범적인 생활을 한 친구였어요. 근데 대학교에 들어가니까 통금이 10시인 거예요. 게다가 장학금을 받으래요. 그게 내가 할 수 있는 것들이란 생각이 들지 않았던 거죠. 그래서 조금씩 어기기 시작하다가, 엄청나게 싸우기도 했어요. 대신 제가 하는 것들에 대해 계속 조금씩 보여주려 노력했고, 어느 순간부터는 저를 놓아주셨습니다.

얼마 전에는 엄마랑 통화를 했어요. 특히 아빠보단 엄마가 더 저의 도전을 지지해 주신다고 느끼기도 하고, 더 이야기를 많이 나누는 편이거든요. 그런데 아빠가 제가 불쌍하다고 그랬대요. 그래서 엄마가 "너 불쌍하니? 난 그렇게 생각 안 하는데." 이러면서 물어보시더라고요. 저는 "응 안 불쌍하지, 그래도 엄마 아빠가 믿어 주는 대로 잘 지내지."라고 대답했지만, 사실 그 말을 듣는데 기분이 너무 이상한 거예요.

나름대로 믿음을 받고 산다는 느낌으로 지내곤 있지만, 극적이지 않아도 무너진 기간에 그런 얘기가 들리면 굉장히 내가 하는 것에 대해서 무시당하는 기분이 들 때가 있단 말이에요. 대부분은 싸우지 않으려고 잘 넘어가는 편이지만 그런 염려의 목소리를 들을 때면 조금 오기가 생기는 것 같아요. 더 부지런히 해야겠다는 생각과 동시에 부모님이 돈 걱정 안 하게 해주고 싶다는 약간의 이상한 효

심 같은 것들이 생겨요. 사실 그런 염려와 걱정들을 들을 때면 기분이 좋지는 않죠.

부모라는 이름으로 많은 애정을 폭력적으로 주시는 경우들이 있잖아요? 나는 나름대로 열심히 움직이고 있는데 왜 그거를 아무것도 안 하는 양 치부하지? 라는 생각도 들 때가 많고, 동시에 내가 그만큼 못 보여줘서. 아직 성과가 나지 않았기 때문이라는 자신감 없는 소리도 같이 나올 때가 있는 부분에선 좋지 않죠. 하지만 제 방식대로 잘 쳐 내기도 하고, 맞기도 하고, 또 쳐내고 약간 그런 느낌으로 지내고 있는 것 같아요.

세상이 틀린 게 얼마나 있을까 싶지만, 적어도 저한테는 틀리지는 않다 잘 지내고 있다. 라고 말해줄 수 있는 것 같습니다. 그러고 지냅니다.

# 너, 이 자식 찌질한 모습도 예쁘다
# 하면서 그냥 사는 거지

언제 한번 도 닦는 사람한테 붙잡힌 적이 있는데, 그 사람의 말이 저를 울린 적이 있었어요. 다행히 빠지지는 않았었고, 그 사람도 저를 되게 쉽게 놔줬어요. 그 사람과의 대화에서 어떤 결핍에서 네가 지금 원하는 게 나왔을 소지가 다분하다는 말을 들었어요. 그리곤 저의 결핍의 기억을 막 꺼내는 거예요. 내가 좋아하고 쫓는 방향이 하나의 결핍에서 올 때가 있잖아요.

결핍이 그 인물을 굉장히 매력적으로 만드는 것도 제가 좋아하는 이야기들에서 많이 봤고, 또 그냥 지내다가도 어떤 게 장점인 사람이 그 순간 그게 또 단점이 되기도 하잖아요. 그럼 장단점이 있고 마냥 좋은 건 세상에 없다는 생각이 계속 드니까 그냥 이건 나의 되게 못난 점이야 라는 생각이 들어도 못나서 예쁘기도 하다, 라는 생각이 어느 순간 들었던 것 같아요.

제가 되게 좋아하는 언니가 생일 때 써줬던 편지가 있는데 "나는 닿아의 모든 모습을 좋아하지만 닿아의 찌질한 구석도 사랑해.", 저는 이 문장이 정말 고마운 거예요.

늘 어렸을 때부터 덤벙대고 실수하고 부모님께 욕 얻어먹을 때도 많았기 때문에 애초에 완벽해야 한다. 라는 그런 강박보단, 오히려 착해야 한다는 착한 아이 콤플렉스 같은 게 있었던 것 같아요. 제가 싫어하는 모습이고, 여기 있기 싫다고 느껴진 순간 한번 도망쳐 보니까 그게 오히려 저한테 좋았던 경험들이었던 거죠. '도망갈 필요까진 없어.'라는 생각이 들면 좀 좋아할 구석이 보이는 것 같아요.

누군가가 나에게 상처를 준다면, 저는 모든 감정의 극이 눈물인 사람이라 울고 횡설수설하고 이게 가장 첫 번째 반응이에요. 근데 이제 울고 나면 조금 개운해지고 울음이 그쳐진 동시에 뭔가 그 상황이 일단락되면서 좀 정리되는 기분이 있어요.

저도 굉장히 준비하지 않은 예기치 않은 상황에서는 아무리 임기응변이 생기고 해도, 당장 누가 앞에서 제 아픈 구석을 찌르면서 욕을 해요. 그러면 '나는 이제 꽤 무례한 사람에게 잘 화낼 수 있는 사람이야.'라고 스스로 생각하죠. 하지만 그 순간에서 제가 진짜 뭔가 후회 없을 정도로 화낼 수 있을까? 하면, 또 저는 울 것 같아요. 어차피 나는 내가 생각하는 것만큼 멋지지 않을 때가 많으니까.

"인정해주자. 너, 이 자식 찌질한 모습도 예쁘다."

이러고 살아야 하지 않을까. 라고 생각해요. 저는 그렇게 사는 게 천성의 맞기도 하고요.

진짜 제가 어제까지의 저를 보면 '애쓴다, 애쓰고 있다.' 이게 제일 먼저 나올 것 같고, '잘하고 있다.'란 말보다는 '애쓴다.'라는 말이 더 위로되는 것 같아요. 애를 안 쓰면 안 되는 상황이라는 생각이 들기도 하고, 내가 애를 쓰면 어떻게든 재미있는 일이 일어날 거로 생각하면서 살아왔으니까요. 만약 어제의 내게 이야기해 주고 싶은 말이 있냐고 한다면, "애쓴다."라고 전해주고 싶어요.

# 아빠한테 말하고 싶어,
# 나 살아 있다고 존재하고 있다고

가장 생각나는 건 애정결핍. 내가 애정결핍이 생겼다고 생각할 수 있는 것은, 아빠의 영향이 좀 큰 거 같기도 해. 우리 아빠는 되게 좋고 싫음을 표현을 하기보단, 잘잘못만 평가하는 아버지거든. 그래서 딱히 나는 좋아하진 않았어, 아빠의 존재를 싫어했고. 근데 요즈음에 들어서 측은하다고 많이 느껴, 우리 아빠를. 측은하다. 맞아, 측은한 거 같아.

아빠를 보면 소소한 행복을 좀 느껴 보게 하고 싶어. 아빠 얘기하면 짜증 날 거 같아. 사실 짜증은 아니고 복잡해져 아빠를 생각하면. 가부장적이고, 그다음엔 고지식하고. 그런 게 싫었던 나는 오히려 메이크업도 하고 타투도 하고, 귀도 뚫고. 어쩌면 반항심이 컸던 것 같아. 그래서 아빠한테 오는 애정결핍이지 않을까? 지금 막 그런 생각이 드네.

아빠에 대한 감정이 애증인지는 잘 모르겠어, 솔직히. 애증보다는 귀찮은 존재라고 생각하고 있어. 얘기해도 너무 고리타분한 얘기를 해서 귀찮아져. 마주치기 싫다, 한 공간이 있고 싶지 않다, 이게 귀찮음이라고 얘기를 하긴 하지만, 사실 트러블을 만들고 싶지 않아서 귀찮다고 얘기하는 거지.

실은 난 아빠한테 인정을 되게 많이 받고 싶어 하는 것 같아. 우리 아빠한테는 단 한 번의 인정을 받아 봤다는 생각이 안 들거든. 그래서 아빠의 인정을 갈구하는 거 아닐까? 그럼 그게 애정결핍이 아닐까? 그런 고민을 되게 지금 많이 가지고 있어. 겉으로는 되게 무뎌지려고 많이 노력해도, 속에서는 속앓이를 되게 많이 하는 편이라. 요즘에 들어선 취미로 많이 변화하려고 노력하고, 그런 생각을 좀 많이 안 들게끔 하고 있어.

난 우리 아빠를 좋아한다고 얘기를 할 수 있고 싫어한다고도 얘기를 할 수 있을 만큼 모순적인 사람이지만, 그래도 '귀찮다'라고 얘기했던 건 대화가 안 통하기 때문이었어. 대화가 통했으면 '귀찮다'라는 말을 안 했을 것 같아. '들어 주지도 않고 대화도 안 해주면 난 누구한테 얘기를 하나?'라는 고등학교 때 생각도 반영이 되고. 면도법도 내가 스스로 배웠어, 솔직히 말하자면 아빠한테 배운 거라고는 자전거밖에 없었던 것 같아. 오히려 내가 더 많은 것을 하려고 했지. 내가 생각하는 우리 아빠는 폭력적이기도 했고, 좋은 생각이 박혀 있진 않아. 그럼에도 인정받고 싶어 하는 이유는, 그래도 우리 아빠니까.

남자는 꼭 강해야 한다는 라는 그런 강박들을 버렸으면 좋겠어. 악착같이 일을 해야 하는 사람이, 묵언 수행해야 하는 사람이, 권력을 잡고, 행복을 만들어야 하는 사람이 아빠는 아니라고. 아빠도 아빠가 처음이잖아, 그래서 같이 만들어 가면 되는데, 모든 걸 다 끌어안으라고 않았으면 하는 게 가장 큰 바람인 거야 나는.

나 살아 있다고, 존재한다고. 어디 가서 기죽는 애는 아니라고, 가장 아빠한테 말하고 싶지. 늘 말하지 못했지만. 암이 있는데도 일하고 있으니 멋지지. 병을 가지고 있는데 일하는 건 힘들잖아.

꽤 괜찮은 삶을 사는 것 같아, 우리 아빠도. 새로운 사람을 찾던가, 새로운 경험을 했으면 좋겠다고 말하고 싶어.

# 주변 사람에게 의존하면 좀 어때, 꼭 자립적일 필요 없잖아

소소한 행복, 많은 것들이 '범사에 감사하자'라는 얘기를 많이 하는데 일리 있는 말인 것 같아. 그래야지, 행복해야지.

행복은 나의 존재를 각인시켜 주는 거? 왜냐하면 나는 타인 주의가 좀 강해서, 다른 사람들에 비해서 자존감이 낮아. 타인들이 나를 찾았을 때 비로소 행복감을 느낀다고 생각이 들거든.

타인에 의해 행복이 좌지우지된다? 맞는 거 같아. 나 혼자 있으면 되게 우울하고 외롭거든. 공허하고 약간 좀 짜증이 나기도 하고, 뭔가를 하고 싶지도 않아. 누군가 한 명이 있다면 더 진중한 얘기를 할 수도 있고 재미를 볼 수도 있으니까. 뭔가를 나눌 수 있고, 나누게 되면 내가 행복을 받을 수 있고. 또는 그 사람이 행복을 줄 수도 있는 거니까. 제일 크게는 내 행복, 나는 나눠줬을 때 그 반응이 너무 좋거든. 행복해하는 반응, 이외의 반응, 내가 생각하지 않았던 반응들이 너무 재밌어. "어 나 이거 너무 필요했는데."라고 했었을 때 반응, 그게 제일 좋아.

타인에게 잘 보이고 싶은 것도 없지 않아 있는 것 같아. 타인한테 잘 보여야지 내가 관계 유지가 오래될 수도 있다는 생각이 드니까? 근데 요즈음에는 타인한테 굳이 잘 보여 봤자 라는 생각이 들어.

사람들이 왜 나를 찾았으면 좋겠냐는 질문엔, 나는 존재의 각인이 있음으로써 비로소 내가 살아가는 느낌이 들어. 그래서 이런 타투도 많이 하게 됐고, 자해를 많이 하게 됐었으니까.

살고 싶진 않았어. 삶의 의미도 내가 스스로 매겼을 때 그냥 '구차하다.', '살고 싶지 않다.'라고 생각을 많이 했었는데 어느 순간 타투를 선물을 받았는데 '아 차라리 잘하지 말고 내가 다시 자해하기 직전에 이 타투를 보면 조금 다시 리마인드 하지 않을까?'라는 생각에 타투를 새기게 됐어. 의미가 없어, 그냥 나한테 있어서만 의미를 부여하는 것뿐인 거지.

마지막으로 타인 의존적인 삶이라는 말 보단, 오히려 반대로 생각해야 하는 거 아니냐는 생각이 들어. 왜냐하면 자립성이 굳이 있어야 하는 것도 아니고, 타인한테 의존해야 하는 것도 아닌데. 그냥 내가 그 갈림길에 있는 것뿐이잖아.

# 작가가 돈을 벌기 위해 글을 쓰면
# 참 고통스러울 거야

무슨 얘기를 할까 고민을 했는데 사람들이 요즘에 돈 버는 얘기를 되게 많이 하잖아. 유튜브를 들어가도 주식 얘기 그리고 경제적 자유를 얻는 이런 얘기를 많이 하는데. 나는 좀 그 반대의 이야기를 하면은 재미있지 않을까, 그런 생각을 했어. 왜 사람들이 요즘에는 뭔가 자기가 하고 싶은 것을 하기 위해서 돈을 벌어야 한다고 얘기를 하거든. 꿈을 가진 사람이라면 일단은 그걸 위해서 지금 당장 돈을 벌어야 한다는 얘기 되게 많이 하지. 나도 그 생각에 아예 반대는 아니지만, 내가 살아왔던 과정이나 내가 했던 경험을 생각해 보면 사실 나는 그렇게 살아오지 않았어.

나는 '꿈톡'이라는, 그냥 우리끼리 고민 나누고 모이는 그런 그냥 커뮤니티를 했었어. 근데 꿈톡을 하면서 끊임없는 유혹들이 왔어. '이걸 사업화해라', '비즈니스 모델을 만들어야 한다', '안 그러면 지속할 수 없다' 난 그때 그 생각을 했어. 내가 이걸 가지고 이걸 돈을 만들어야겠다고 생각하면, 결국엔 이건 돈을 벌기 위한 수단으로 끝날 거라고. 그냥 그 자체만으로 즐거운 것들이 있잖아, 나는 그걸 옛날부터 찾고 싶었는데 그게 안타깝게도 돈이 안 되는, 꿈톡이 좀 그런 거였어.

그냥 그 자체만으로 좋은 거, 무언가를 위한 수단이 아니라 진짜 '하는 것만으로도 즐거운 게 있구나' 사람들 만나고 고민 나누는 자체만으로도 너무 즐겁구나. 생각해 보면 누구나 다 좋아하는 것들이 있었다고 생각을 하거든. 근데 그것만으로도 충분한데 남들은 자꾸 그걸로 돈을 벌래. 근데 그걸로 돈을 벌려고 하다 보면 결국은 '왜 난 안 되지?', '이렇게까지 좋아하는 일을 하고 이렇게까지 오래 했는데, 왜 안 되지?'라는 생각을 하면서 놔 버리는 거야.

내가 좋아하는 걸 가지고 뭔가를 막 만들어 내야 한다는 생각 때문에 우리는 좋아하는 것을 잃고 사는 것 같아. 내가 진짜 좋아하기만 하던 그걸로 돈을 만들려고 했으면 이미 그만뒀을 것 같아, 재미없어지고.

난 지금 어떻게 보면 책을 팔고 있잖아. 글을 쓰고 있고. 나는 그게 주 수입원이거든. 작가들은 돈을 벌어야 해, 그래야 자기가 쓰고 싶은 글을 쓸 수 있다고 생각해. 근데 글로 돈을 벌려고 생각하면 어떻게 되냐면, 잘 팔리는 글 써야 하잖아. 그럼 자기가 쓰고 싶은 걸 못 쓴단 말이야. 내 글만으로 돈을 벌겠다고 생각하면 진짜 고통스러울 거야. 글만으로 돈을 벌려고 작정을 하면 글이 안 써질 거거든. 어떻게 보면 내가 좋아했던 글쓰기를 잃어버리는 거지. 그중에서도 진짜 많이 팔고 진짜 돈 많이 버는 그런 작가가 되려고 글을 쓰면 진짜 고통스러울 거야.

꼭 좋아하는 일을 돈으로 만들어야 할 필요는 없다고 얘기하고 싶었어. 자꾸 돈 벌라고 하니까 돈 벌어야 하는데 좋아하는 일로 돈 벌 필요는 없다는 거지. 그리고 결국 좋아하는 일이 돈이 됐을 때 좋아하는 게 남아있을 거냐에 대한 그것도 보장은 없는 거니까.

# 때로는 가까운 지인보다
# 먼 타인이 편하더라고

나는 20대 초 중반에 고민이 너무 많았어. 다들 대기업에 입사하기 위해서 공부하고 준비하더라고. 난 그 길로 따라가면서도 그 고민을 계속하고 있었던 거야. 근데 그 시절에는 이런 얘기를 할 수 있는 사람이 없었어. 주변의 친구들 다 토익 공부하고 뭐, 취업 준비에 정신없기도 했었으니까.

'이게 과연 맞는 길인가?', '내가 지금 이렇게 따라간 게 맞는 건가?' 이런 고민을 나누고 싶은데 친구들한테 이런 얘기 하면은 욕먹는 거야. 헛생각 좀 그만하라고 이상한 생각 좀 그만하라고.

우리는 왜 고민을 쉽게 말하지 못할까? 이건 너무 여러 가지 문제가 있어. 그런 얘기를 하고 자기의 삶에 대해서 성찰하고 돌아보는 시간을 갖는 것, 자체를 낭비라고 생각을 해. 뒤처진다고 생각을 했고 오히려 주변 사람들한테 풀어 놓으려고 해도 그 사람들도 다 고민을 하고 있을 거거든? 근데 이걸 얘기를 한다는 거 자체가 오글거린다고 생각을 하는 이유가 뭐냐면 안 해봐서 그래, 안 해봐서. 자기의 고민을 누구한테 털어놓는 걸 안 해 보니까 오글거리지. 근데 이것도 누구를 만나고 습관이 되면 엄청 편해지거든? 고민도 똑같아, 고민도.

이런 고민 얘기하면 받아주는 사람이 없었으니까, 지금까지. 하면 또 욕먹고 하니까 자기의 깊은 고민을 막 꺼내놓으면 사람들이 그걸 받아주지 않으니까. 사실 상대도 그런 고민이 있을 건데 이걸 받아 본 적이 없으니까. 오글거린다 생각하는 거지.

근데, 진짜 놀라운 게 '꿈톡'에 가면 다 서로 모르는 사람인데 그렇게 잘 꺼내. 우리 이제 끝나고, 뒤풀이도 하는데, 맥주 마시다가 울면서 얘기해. 되게 신기하잖아.

오히려 낯선 사람한테 편한 부분이 있는 거지. 나를 알고 있던 사람보다, 때론 먼 타인인 사람들이 편할 때가 있는 거야.

# 경제력 없는 아빠가 부끄럽고 짜증났었어

오늘 나는 그냥, 아빠에 대한 얘기를 좀 하러 왔거든. 아버지라고 할까 아빠라고 할까. 고민을 많이 했는데 뭔가 그 정도로 나한테는 약간 어색하고 좀 어려운 존재? 그리고 뭔가 애증의 존재가 아빠인 거 같아.

아버지는 양산의 한 사거리에서 '크라운 베이커리'라는 되게 큰 빵집을 하셨어. 근데 내가 초등학교를 부산으로 오면서 아버지가 사업도 잘되고 빵집도 잘 되고 하니까 자기는 이제 뭘 하더라도 잘할 수 있겠다는 자신감이 생기셨나 봐. 그래서 아빠는 평소에 좋아하던 사진관을 좀 해보고 싶다면서 사진관을 열게 되셨지. 이제 98년도에 시작하셨는데 아마 2000년도부터 디지털카메라가 나오면서 그 현상 필름 인화 같은 것들이 되게 수요가 많이 줄었던 것 같아. 그러다 보니까 모아놓은 돈이 그렇게 많지도 않았고, 집은 조금씩 어려워졌어.

내 기억으로 아빠는 항상 집에 오면 파스를 붙이고 있었거든. 근데 최근에서야 알게 됐는데 그때 당시 아빠가 일거리가 없으니까 사진관을 접으시고 공사판 일용직을 하셨더라고. 근데 그때 내가 사춘기도 오고, 중2 시절이기도 했고. 이제 와 말하지만, 나는 그때의 우리 아빠를 좀 많이 부끄러워했었어.

고등학교 땐 기숙사 학교에 들어가서, 집엔 한 한두 달에 한 번씩 오게 됐어. 그 바람에 아빠와는 좀 더 멀어졌지. 20살이 넘어서는 내가 직업군인 생활을 하면서 일 년에 한 두세 번씩 갔던 거 같아. 근데 그 와중에 이제 갈 때마다 아빠는 안정적이지 못한 일이지만, 열심히 항상 열심히 사셨어. 근데 난 그게 짜증이 나더라고, 그게 나는 아빠가 참 열심히 산다고 생각하긴 했지만, 사실 아빠는 참 똑똑하지 못하다고도 생각했어.

솔직히 말하면 한 3년 전에 아빠가 갑자기 암 수술을 하게 된 거야, 집안이 완전 난리가 난 거지. 나도 완전 충격을 받았고. 사실 그때 당시 든 생각이, 내가 아들 이긴 아들이구나. 연락도 거의 안 하다가 아빠가 암의 경과가 되게 안 좋을 수 있는 얘기를 들으니까, 가슴이 덜컥 내려앉더라. 그간의 내가 왜 아빠한테 못 했을까 하는 생각도 들고. 그 계기로 아빠가 나한테 어떤 존재인지를 좀 많이 생각해 본 것 같아.

우리 아빠는 여전히 부산에 가면 아들 왔냐 하면서 반겨주고 맛있는 걸 사주려고 하셔. 돈이 없는 걸 내가 너무나 잘 알고 있는데. 전이가 되지 않기 위해서는 뭔가 일을 할 수가 없어. 그런데도 엄마한테 받는 용돈을 아껴서 나한테 사주시려는 모습을 보면 안쓰럽기도 해.

예전에는 되게 부끄럽고 막 내가 싫어하고 피하고 싶은 사람이었다면 지금은 그냥 '가족'.

그래도 요즘은 일주일에 한 번씩 전화를 드리고 안부도 묻고 있어. 아무 일 없어도, 그냥 쓸데없는 말이라도 할 수 있고. 같이 나이 들어가고, 늙어가면서 서로를 종종 보듬어 줄 수 있고. 함께 밥 먹으면서 예전 얘기도 할 수 있는 가족이라는 그런 연결 고리, 끈으로 이어진 존재가 아닐까 하는 생각이 들어.

## 그때 멈췄으면 참 좋았을 텐데, 그러면 내 삶이 조금은 변하지 않았을까?

내가 살아온 인생을 다른 사람들한테도 얘기해 주고 싶어서, 나한테는 정말 큰 용기거든. 누군가 앞에 나선다는 게 정말 큰 용기인데 안 해봤던 걸 해보고 싶어서 이렇게 나오게 되었고, 내 이야기를 하고 싶어.

나는 세 살 때 아버지가 돌아가셨어. 누군가는 흔한 그 아버지하고 목욕탕 가서 등 밀어주는 거 가족끼리 외식하는 모습조차도 나한테는 없었지, 살면서 가족이라는 울타리가 나한테는 TV의 옛날 프로그램에 '한 지붕, 세 가족'? 나한테는 한 지붕, 세 가구였지. 그냥 한 공간에서 잠만 같이 자는.

사고를 많이 쳤어, 어렸을 때부터. 그 어렸을 때는 "나 좀 봐주세요.", "나 아직 애인데.", "아, 나 좀 봐주면 안 되나?" 그런 걸 바래서 사고를 친 거야. 근데 그 당시 친구들하고 형들하고 어울렸던 게, 나쁜 짓 하기 위해서 어울린 게 아니고 내 옆에 있어 주기 때문에 같이 있었고. 있다 보니까 나쁜짓을 하게 된 거야.

고등학교 들어가고 난 다음부터는 생각이 바뀌었어. 어차피 볼 사람 없는데, 그냥 막 사는 게 낫지 않을까? 그래서 막살았지. 막살다가 열아홉 살 때 구치소란 곳에도 들어가 보고. 그때부터 아무런 생각 없이 그냥 살았던 거 같아. 생각 없이 살다가 어느 순간부터 요즘 사회에서 얘기하는 '조직폭력배' 그런 사람들이 내 옆에 있어 주는 거야. 너무 행복했어. 같이 잠을 자고, 같이 밥을 먹고 항상 옆에 있어 주고 내가 어디 가서 부당한 걸 당했을 때도 내 편이 되어주고. 내 옆에서 있어 주니 나도 거기에 속해진 거지. 가족이 만약에 있었으면 아마 나도 지금 대학교도 나왔고 회사 생활했겠지. 근데 그때는 그 다른 부류의 사람들이 있어 줬는데 그 사람들이 추구하는 것은 "절대 약해지지 마! 약해지면 무시당한다." 였어.

그러다가 이십 대가 왔어. 사실 내 인생에서 진짜 이십 대가 없었어. 소년원부터 시작해서 교도소 생활을 그냥 계속 살았던 거 같아. 한 번이 아니고 들어갔다가 나왔다가 들어갔다가 심지어 출소한 지 석 달 만에 다시 들어가고. 12년이라는 시간을 거기에 있었으니까 많이 힘들었지, 외로웠고.

"그때 깨우쳤으면 좋았을 텐데 그러면 지금 삶이 조금이라도 달라졌을 텐데."라는 생각을 해.

처음에는 누구나 다 똑같이 시작하잖아, 평등하게. 근데 나는 처음 인생의 스타트를 내가 이렇게 끊고 싶어서 끊은 건 아니었어.

예전에는 '돈을 많이 벌고 싶다.' 아니면 '잘 살고 싶다.' 이거였으면 지금 그냥 '평범하게 살고 싶다.' 평범하게 제일 좋은 것 같아, 다 힘들었겠지만 누가 봐도 이게 평범한 건 아니잖아. 어렸던 나는 관심 받고 싶었던 걸 너무나 잘못 생각한 거지. 근데 누구나 어렸을 땐 다 그렇게 생각을 했을 거야. 하지만 어느 정도에서 멈췄어야 했는데, 어느 순간 이게 멈춤조차 안 되는 거야.

이게 어느 정도에서 멈추면 딱 좋은데 내가 살아온 인생은 멈춤이 없었어. 그게 너무 후회스러워, 이제는.

# 자살 시도를 했지 두 번이나,
# 더 나은 삶을 살고 싶은데 변하지 않을 거 같아서

내가 우울증이 있어서 자살 시도를 두 번 했거든. 그때마다 고비가 왔어. 10년 뒤에, 20년 뒤에 내 모습이 똑같을까? 틀릴까? 더 나은 삶을 살고 싶은데. 어휴, 똑같은 거 아닌가? 그래서 내가 자살 시도를 했었어.

진짜 첫 번째는 바지에 몸에서 흘러나올 수 있는 건 다 흘러 있었대. 발견했는데 죽은 줄 알았다나. 두 번째 내가 자살 시도했을 때는 거의 보름 만에 깼대. 그때 내가 느낀 감정은 "아, 이거 살아서 뭐 하지, 달라질 건 없을 것 같은데." 다가오지 않을 두려움에 너무 사로잡힌 거야. 너무 무서웠고.

지금까지 얘기했던 게 내 인생의 전반전이면 이제는 후반전이 얘기를 좀 할게. 지금 나는 봉사단에서 단장 역할을 하고 있고 이것저것

활동을 하고 있어. 내가 봉사하고 그러면 사람들은 "아 대단하신 분이네요. 존경합니다. 근데 어 뭐지? 봉사활동 하시고 이렇게 저렇게 하시던 분이 문신이 왜 저렇게 많지?"라는 반응이야.

봉사를 하면 사람들이 날 봐줘. 나는 봉사하는 그 시간에 도와주는 사람들을 보잖아. 그러면 또 다른 누군가는 날 봐줘. 난 그게 너무 좋았던 거야. 관심 가져준다는 게 그 어떤 것보다 더 좋았던 것 같아. 그래서 봉사하고 있어.

요즘은 잘 버티고 있고 얼마 전에는 자격증도 땄어. 한 달 사이에 자격증을 네 개 땄어. 너무 행복했어. 사진 찍어놓고 이렇게 보는데 너무 뿌듯한 거야. 왜냐하면 나도 하면 할 수 있구나를 처음 느꼈어.

사실 나는 살아오면서 지금까지 단 한 번도 상 받아 본 적도 없고 개근상 받아 본 적도 없는데. 살면서 처음으로 내가 뭘 하고 이루어 낸 거잖아. 누구 도움을 받았던 것도 아니고, 누구한테 이렇게 협박하거나 갈취한 것도 아니고. 근데 되더라. 누군가한테는 별거 아닌 걸 수도 있겠지만 나한테는 너무 의미가 있는 자격증이었지. 그리고 지금 또 도전하고 있고 세 개 더 따려고 하고 있어. 검정고시랑 사회복지사도 준비하면서.

누군가가 나한테 "봉사가 뭔데?" 질문했을 때 했던 말이 있어. '깨진 항아리에 물 붓기'. 부어도 부어도 표시도 안 나고 계속 새어 나

가. 근데 내가 물이 새 나가도 조금만 공간에 물은 고여 그러면 참새나 짐승이나 와서 먹어가 만약에 그러면 그 애들한테는 목적실 정도의 양은 되거든 난 그거라고 생각해.

개인 봉사단이지만 누군가한테 잠시나마 목을 적실 수 있는 그런 봉사를 하고 있고. 거기서 내가 그 사람들한테 주는 거지만, 솔직히 내가 그 사람들 때문에 사는 거야. 그리고 또 움직이면 되니까 자격증이든 뭐든 하면 되니까. 실은 지금도 우울증이 조금 있긴 있어. 근데 버티는 데까지 버텨 보려고.

이왕 태어난 거 잘 살지 못하더라도, 그냥 평범하게 남들처럼 웃으면서 살아 보려고.

# 부모님도 서로 노력하니까,
# 관계가 긍정적으로 이어지는 거 아닐까?

나는 오늘 내가 느끼는 사랑에 관해서 이야기하려고 해. 나도 이제 연애를 몇 번 하고서 자연스럽게 느꼈던 게, 생각보다 연애라는 건 노력이 매우 필요하다는 거야. 그러면서 자연스럽게 부모님의 사랑이나 부모님이 가정을 지키기 위해 하는 희생이나 이런 것들에 눈이 가고 많은 생각을 하게 된 것 같아.

사랑이란 게 지금보다 어렸을 때는 단순히 감정이 있으면 할 수 있는 것들이라 생각했는데, 사실 그 감정의 기간은 생각보다 길지 않고, 결국 사랑이라는 것조차 지키려는 의지와 노력이 중요하다고 생각했어. 대부분 우리가 처음에 상대한테 느꼈던 호감이나 그런 좋은 감정들이 그렇게 오래갈 수가 없더라고. 결국 그 관계가 어떻게 보면 느슨해질 때 혹은 관계가 권태로울 때 누군가는 의지를 개선해야 하는데, 그런 것들이 생각보다 훨씬 더 큰 노력이 필요로 하다는 걸 많이 깨달았던 것 같아.

최근에 아빠가 회사 동기분들과 여행을 갔었어. 그런데 그게 통영이었고, 우리 엄마는 하동이라는 곳에서 크고 자랐는데, 아빠가 통영에 갔다가 할머니 댁에 몰래 찾아간 거야. 그래서 엄마가 되게 기뻐하고 나한테 되게 자랑하듯이 말을 하는데, 그 모습이 아직도 두 분이 연애하는 것 같아서 너무 좋아 보이는 거야. 아빠도 할머니한테 미리 말하고 찾아가면 할머니가 되게 부담 가지실 수도 있잖아. 그래서 말을 안 하고 찾아가서 할머니랑 맛있는 거 먹고 용돈 드리고 왔다고 하는데, 그냥 아직도 두 분이 그렇게 서로를 위하고 모습이 너무 좋았어.

그리고 또 반대로 최근에 엄마랑 아빠랑 둘이 비 오는 날 저녁을 먹으러 나가다가 아빠가 넘어지신 거야. 넘어져서 엄청나게 아파했는데 우리 집이 나랑 동생, 엄마 그리고 아빠 이렇게 네 명이니까 여자 셋에서 엄청나게 놀렸어. 근데 이제 그게 너무 아파서 며칠 후에 병원에 갔더니 갈비뼈가 골절됐던 거야. 근데 엄마가 "나도 아빠가 아픈 만큼 난 마음이 아파." 이렇게 말하는데 아직 저런 표현을 되게 서슴없이 할 수 있는 모습이 되게 너무 좋아 보였어.

그리고 두 분이 일상을 같이 나누고 같이 지내는 모습이 되게 좋아 보이는 거 같아. 그러면서 나도 자연스럽게 나의 결혼 생활에 대한 환상이 생겼어. 난 사실 이게 환상이란 생각을 잘 못 했는데, 나 또한 연애를 해보고 또는 주변에 그런 얘기를 들으면서 알게 됐지. 이 관계를 유지하는 게 부모님들도 정말 단순히 감정이 사랑이 항상 넘쳐서 하는 거라기보다는 두 분이 정말 서로를 위하고 가정을 생각하기 때문에 표현하고 노력하시는 거라는 걸 나이가 들면서 더 많이 깨닫게 되는 것 같아.

그래서 결혼하는 상대에 있어서 전에는 내가 좋아하는 것들이 비슷했으면 하는 마음이 더 컸거든? 근데 요즘은 그냥 오히려 좋아하는 것들이 같기보다는 싫어하는 게 같아야 하는 거 같아. 좋아하는 거는 맞출 수 있을 것 같거든. 서로 이 사람이 좋아하니까 더 해볼 수 있고. 근데 내가 만약에 싫어하는 것들을 상대가 하면은 그걸 하지 말라고 말하는 게 어느 순간부터는 어려워지더라고 그래서 그런 거 같아.

# 트랜스젠더를 선택하는 것도,
# 내가 나의 행복을 찾아가는 방식이잖아

일단은 어릴 적부터. 그때는 지금과 조금 사회 분위기가 다르니까 "왜 이렇게 계집애 같니?", "여자애야 남자애야?" 이런 식의 질문들을 어른들도 많이 했었어. 학교에서도 친구들이 남자애들 여자애들 할 거 없이 "어머 계집애" 이러면서, 그런 게 그냥 일상화됐었지.

나는 내가 행동하는 대로 하는데 왜 나한테 계집애 같다고 하며, '왜 그렇게 나를 놀리고 이상한 취급을 할까. 그냥 난 좀 행동이 그런가 보다.' 어른들이나 선생님들이 씩씩하게 행동해라 대범해지라는 말을 할 때마다 그건 다 뭐고, 왜 내가 그렇게 잘 모르는 행동을 내가 해야 하는지에 대한 의문점이 있었어. 한편으로는 '나는 왜 저렇게 평범한 남자애들과 다를까?'에 대한 고민도 있었고.

그러다 인터넷이 나오면서 이제 검색해 봤지. 동성애자라는 게 있고, 게이라는 용어도 있고, 트랜스젠더란 용어도 나오더라고. 그때는 다 외국 자료였고, 해외의 어떤 희귀한 사례인가 보다 싶었지. 근데 '참 좋겠다, 저렇게 성별을 바꿀 수 있다는 게. 나도 만약에 지금 내 모습은 이렇지만 저렇게 바꾸면 얼마나 좋을까?' 이런 생각을 막연하게는 했었어. 나는 '아 동성애자구나' 이렇게만 인식을 해왔었어. 왜냐면 6학년 때 사춘기가 왔는데 같은 반 남자애를 보면서 가슴이 두근거렸고, 그런 감정을 난 남자를 보고 느꼈었으니까.

약간 그렇게 좀 혼란을 겪었던 시기? 그러다가 고1 때 이제 TV의 연예인 하리수 씨가 나오면서 '아, 저렇게 수술도 되는구나.' 검색을 해봤더니 다음 카페에 나와 비슷한 사람들이 생각보다 많았어. 그래서 계속해서 그냥 나는 나를 찾아가야겠다 어디 숨어 살더라도 나는 진짜 여성으로 살아야겠다는 이런 생각을 할 정도로 좀 그때 마음을 강하게 먹었었지.

항상 트랜스젠더를 혐오하는 사람들이 하는 질문이 "뭐가 그렇게 절박했을까?"야. 그냥 나는 나로 살고 싶었을 뿐이고 근데 그게 분명히 언제가 됐든 나를 찾아서 떠났을 텐데 욕심이 많았던 거 같아. 욕심이라기보다는 그냥 기본적으로 사람들이 하는 생각. 젊은 나이에 그 나이 때하고 싶은 거 다 누려 보고 싶듯이 나도 삼십 대는 너무 늦다고 생각했고 이십 대를 내가 원하는 삶을 살고 싶다는 그게 너무 간절했어. 그런 마음이 커서 하루빨리 수술하기 위해서 용기가 났던 거 같아.

부모님과의 관계는 수술 직전부터 너무 좋아. 처음엔 몇 년간 연락 안 하고 지내다가 부모님도 함께 많이 노력해 주셔서, 자연스럽게 받아들여 주셨어.

지금은 너무 행복해, 하고 싶은 대로 다 할 수 있고, 인간관계를 하는 데도 큰 어려움 없고. 수군수군하고 손가락질받던 시간이 너무 길어서, 이렇게 평범한 일상에 녹아들었다는 게 너무나 큰 행복이야, 모든 것들이 모두 다.

# 나는 나답게 살고 싶었을 뿐인데,
# 트랜스젠더라는 이유로
# 다들 손가락질을 하는 게 너무 힘들었어

나는 그냥 내가 살려고 선택한 삶을 사는 건데 그걸 왜 "정신병자다.", "이렇게 살면 안 된다." 이렇게 말하는지 너무 답답해. 내가 피해를 진짜 직접적으로 끼친 것도 아니고 그냥 내 삶을 사는 건데.

나는 유튜브나 인터넷 방송을 하면서 받은 상처보다, 수술해 가는 과정에서 받은 상처가 더 컸어. 같은 일 하는 동료라든지 또 손님이라든지 너무 많은 사람한테 안 좋은 얘기를 너무 많이 들었어.

"목소리 좀 예쁘게 내라.", "어딜 봐서 여자냐." 뭐 이렇게 "답이 없다." 이런 말도 너무 많이 듣고.

외모로 혐오적인 표현을 받았던 거는 어느 정도 조금 이해는 하는 부분이야. 그런데 이제 그걸 떠나서 존재 자체에 대한 혐오는 내게 너무 큰 상처를 주는 거 같아.

"아니, 무슨 너희는 치마 입고 화장하려고 여자가 된 거야? 그냥 게이로 살면 되잖아. 성향이 조금 다른 취향의 다른 게이로 살면 되잖아." 이런 말도 많이 하고, "정신병자다." 그리고 가족도 들먹이기도 하고.

나한테 욕하고 악플을 다는 사람들은 '이 사람이 얼마나 아플까?', '이 사람이 어떤 삶을 살았을까?'는 중요치 않고. 내 신념에 의해서 '얘는 이상한 애네?', '넌 틀린 거야.' 이렇게 일단은 욕부터 적고 보는 그런 느낌이 들어.

1년 가까이를 그렇게 공격당했고, 우연히 검색을 하다 보니 남자들이 많이 가입하는 커뮤니티와 여자들이 많이 가입하는 커뮤니티라는 게 존재한다는 사실을 알게 됐어. 나한테 악플 달던 분들은, 그중 여성분들이 많이 가입해서 활동하는 그런 커뮤니티 단체였어. 근데 생각보다 그런 곳이 많다는 걸 알고 나서부터는 너무 충격인 거야. 대한민국의 이렇게 많은 여자들이 활동하는데 그분들이 나한테 이렇게 악플을 계속 쓴다고? 너무 힘들었어. 너무 힘들어서 그 후엔 내가 자주 가던 카페, 밥 먹으라는 식당까지 갈 수조차 없었어. 그냥 일상생활이 안됐어. 어쨌든 거기 대다수가 젊은 여성분들이 다 보니까, '아, 여자란 사람들은 다 이렇게 생각을 하는 건가? 그럼 나한테 "언니 예뻐요." 이렇게 말하던 사람들은 다 거짓인 거고 다 이렇게 나를 안 좋게 생각할까?' 이런 생각도 들기 시작하면서 너무 많이 힘들었어. 불안감과 공황장애가 크게 올 정도로, 나는 너무 힘든 몇 년을 보냈었어.

온전하게 자유롭지 못할 것 같아, 평생. 근데 나는 더 놀랐던 게 그냥 걔네들은 그렇게 하고 끝이야. 그래서 나는 생각을 바꿨어. 기왕 이렇게 된 거 당당하게 내 삶 전체를 모험하자. 어차피 나는 나인 거고 내가 트랜스젠더라는 건 변함이 없으니까. 그냥 밝힌 상태에서 내가 살아가는 것들을 보여주면서 '아, 트랜스젠더라고 해서 별다른 게 아니구나.', '내 주변에도 있을 수 있겠고 너무 평범한 삶을 사는구나.'라는 것을 보여주고 싶었어.

지금처럼 꾸준하고 길게 유튜브에서도 활동하고 싶고 '아, 그래. 그 열심히 사는 사람' 이런 식으로, 특별한 사람 되고 싶다기보단 늘 그냥 자기 영상 올리고, 늘 그냥 큰일 없이 잘 사는 사람. 그렇게 되고 싶어, 그냥.

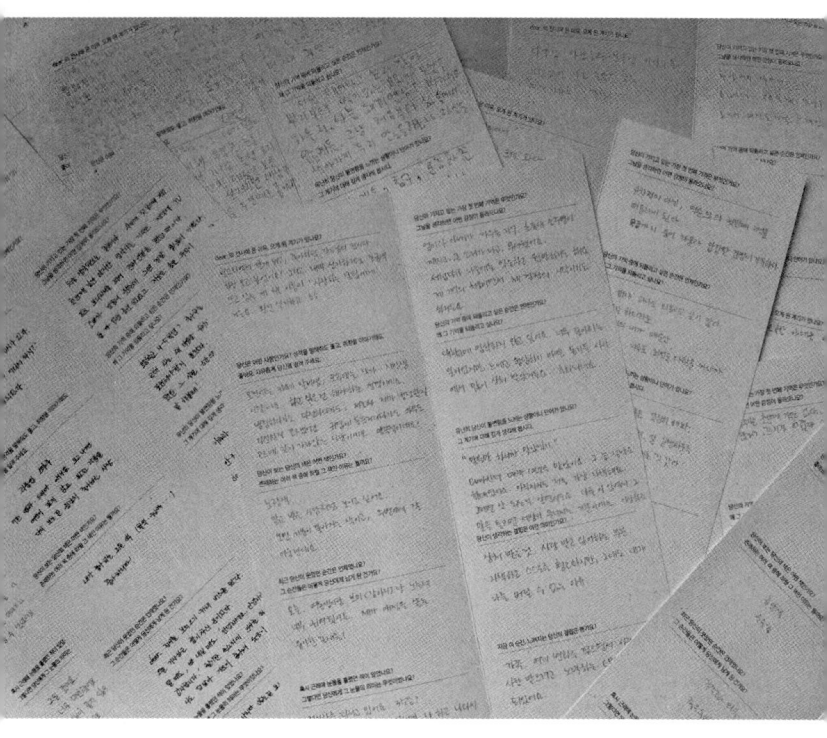

# 어느 순간 나는, 나의 감정 표현 하나
# 제대로 하지 못하는 사람이 됐더라고

초등학교 때로 기억이 나. 한 3학년 때인가, 4학년 때, 여름방학 때마다 외갓집에 놀러 갔었거든. 근데 거기엔 나보다 공부를 더 잘하는, 비교 대상이 되는 사촌이 하나 있었어.

어느 날은 우리 엄마와 이모에게서 영어 단어 내기 얘기가 나왔어. 근데 이 사촌을 내가 이겨야지만 인정받을 거라는 생각, 내가 그리고 칭찬받고 싶은 게 너무 강했던 거 같아. 그래서 붙었는데 잘하다가 딱 마지막 단어 그 하나를 틀려서 졌어. 그게 지금도 기억나는데 냉장고라는 단어였거든, 영어로. 나는 너무 속상해서 눈물이 나는 거야. 근데 그때 오히려 우리 어머니는 되게 좋아하시는 거야.

당시 우리 어머니는 경쟁심을 심어줬다는 하나의 자극제로 받아들이신 거 같아.

하지만 난 야속했지, 왜냐면 나도 사랑받고 싶고 뭔가 잘했으면 칭찬받고 싶고 그런 마음이 컸었는데 어머니는 칭찬보다는 채찍질을 더 많이 하셨어. 그러면서 항상 어머니가 하시던 말씀이 남한테 의지하지 마라, 폐 끼치면서 살지 말라고 그런 말씀 많이 하셨거든. 그래서 부단히 혼자서 끙끙거리면서 살아왔던 것 같아.

그리고 생각 외로 자기를 포장하고 사는 사람이 많더라고. 지금도 나는 포장하는 삶에 익숙해져 있어. 욕심 많고, 지기 싫어하고, 사실 그렇게 좋은 사람이 아니야. 항상 웃으면서 뭔가 그렇게 다 이렇게 받아주고 하는 모습을 보이고 있긴 하지만, 진짜 그렇게 하기 싫을 때도 되게 많거든. 아닌 척 가면을 많이 써. 약한 모습 보이지 않으려고, 불안해서, 두려워서, 떠날까 봐.

이렇게 나와서 이야기하는 것도 내겐 하나의 도전이야. 그래도 이제는 싫으면 싫다고도 얘기하고. 내가 하고 싶은 것도 하면서 그렇게 지내보려고.

# 내가 죽으면, 나는 뭐였지? 라는 생각이 들더라고, 그래서 마흔이 넘은 나이에 랩을 시작했어

안녕하세요, 저는 고대석이라고 하고요. 영어 강사를 하고 있고 또 '엠씨댓썩'이라는 이름으로 래퍼도 하고 있습니다. 제 삶에 대해서 말할 게 있나, 좀 생각을 해 봤는데 결혼하고 애가 생기고 그러니까 돈을 벌어야 하잖아요, 그러다 보니까 이게 점차 내가 살고 싶어서가 아니라 이게 살아지더라고요. 그렇게 쭉 흘러가게 됐어요. 진짜 힘들게 힘들게 그렇게 하루하루를 내가 왜 그렇게 살아야 하는지 모른 채.

가끔 일이 밤에 10시, 11시에 끝날 때도 있거든요. 집에 가면 애들이고 엄마고 다들 자고 있어요. 그러면 '아, 오늘 하루는 또 이렇게 내 손끝에서 부서져서 나중에 기억에도 안 남는 건가?' 이런 생각을 했어요.

어느 날인가 너무 피곤한 몸으로 고속도로를 지난 후에 집 오는 쪽 길로 접어들었는데, 신호 대기에서 멈춰 서 있다가 깜빡 잠이 든 거예요. 잠이 딱 깼는데 아까 고속도로에서 있었더라면 정말 큰일 날 수도 있겠구나. 하고 식은땀이 막 줄줄 나는 거예요. 그 순간 뭔가 무서운 거야. 뭔가 무시무시한 거야. 내가 이렇게 미친 듯이 살고 있는데 어느 날 이게 그냥 딱 멈춰 버릴 수도 있다는 생각이 드는 거예요.

보이지 않는 미래를 확실히 잡아 놓기 위해, 이렇게 굴러가고는 있고. 아빠로서 남편으로서 집안의 가장이라는 이름으로 열심히 살고는 있는데, 이러다 갑자기 내가 끝나면 나는 뭐였지? 인간 고대석으로 남겨 놓을 게 뭐가 아무것도 없다 싶은 게, 이건 아니다 싶었어요. 그러다 그 시점쯤에 이제 '쇼미더머니'를 하고 있었는데 "야, 저런 거면 나도 쓰겠다고 하니까." 주변에서 "그래, 너도 써봐라." 그러더라고요.

결국 숱한 젊은 애들 안에서 저는 죽부인을 들고 가서, 실제로 한 스무 시간을 넘게 기다린 후 심사를 보고 왔습니다. 근데 방송에는 딱 5초가 나왔죠. 그 부분이 막 백만 건 이상 SNS를 통해서 전파가 되고 트위터에서는 '사실상 오늘 죽부인 뿌잉뿌잉이 다했다'라는 말이 돌 정도로 한때 유행을 했었어요. 신이 났죠, 사람들이 예전에 제가 올렸던 그 '죽부인 뿌잉뿌잉' 영상 보는 것도 즐겁고 막 그랬는데 그리고 그게 이제 제가 앞서 말했던 나는 뭘 남기냐에서 저는 약간의 해답을 찾은 거예요.

아, 나는 나만의 방식으로 세상을 바라보는 것을 랩으로 남길 수 있지 않나, 곡으로 남길 수 있지 않아, 해볼 수 있지 않을까라고 생각을 했어요. 내가 아닌 것처럼 아빠로도 살려고 해봤고 중간 계층에 있는 직업군, 그 직책으로도 살려고 해봤고 이걸로 저걸로 살려고 해봤는데 결국 저는 저거든요.

저는 어쨌건 제가 지금 사는 모습이 굉장히 좋은 모습이라고 생각하지는 않아요. 수많은 선택지 중에 또 하나일 테고. 더 위대한 많은 희생을 하면서 사시는 분들이 있겠죠. 그렇지만 저는 그게 할 수 있냐 없냐의 문제는 이미 넘어갔다고 생각을 해요. 어떻게 보면 사람은 결국 자신이 원하는 바를 어떤 식으로든 표출을 할 수밖에 없는 거라고 생각을 하거든요. 그래서 만약 정말 하고 싶은 게 있고 한이 있다면 부정적 보단 긍정적인 에너지로 바뀔 수 있도록 노력하고서 한번 도전해 보는 게 어떨까 생각을 합니다.

# 아이들한테는 늘 미안하죠,
# 관심을 많이 주지 못한 것 같아서

저는 가족들을 돌보고 완전한 어떤 안정적인 가정을 꾸려 나가면서, 아이들을 위해서 사는 대신 내가 하고 싶은 거 하면서 '나답게 살래'라고 했었잖아요. 사실 거기에 대한 죄책감은 늘 있습니다만 그래도 흔히들 드라마 같은데 나오는 빚더미 지고 도망가는 그런 부모는 아니니까, 최소한으로 물에 떠 있을 수 있도록 부리로는 꽥꽥하면서 목소리를 내고 있다고 생각해요.

사실은 희생이 정말 멋있는 거라고 생각을 하거든요. 내가 하고 싶었던 것이 있을 테고, 누군들 눈빛이 초롱초롱하지 않았던 시절이 있었겠습니까. 하고 싶은 것들이 있지만 '그때는 그랬었지.'라는 생각으로 씁쓸한 웃음을 지은 채, 아이와 삶과 그것들을 끌고 가고 있는 부모의 모습들이 결코 폄하될 만한 것은 아니라고 생각을 해요. 하지만 또 그걸 놓는 방식에 있어서 전 동의할 수 없는 지점들이 있어요. 우리 사회에서 어떤 보편화된 시점 같은 것들이 말이죠.

제가 이걸 느꼈던 때가 영국에서 살던 시절, 가장 높은 롤러코스터가 있다는 놀이공원에 가자던 날이었어요. 여러 가족들과 새벽부터 집을 나섰습니다. 세상에서 제일 높은 롤러코스터가 있어도, 애들 그냥 키에 맞는 기구에서 줄 서 있다가 애들 태워주고, 찰칵하고. 울면 달래고, 화장실 데려가고 있는 그뿐이었습니다. 종일을 정신없이 보냈는데, 정작 놀이공원에 그렇게까지 기대한 것도 아니었지만, 정말 아무것도 한 게 없어서 너무 허무한 거예요. 근데 엄마 아빠들끼리 모여선 "아유 애들이 즐거웠으면 됐죠, 뭐."라고 하는 목소리가 들리더군요. 당연한 말이겠지만, 저는 '그때 아닌데?'라는 생각이 먼저 들었어요. 나는 지금도 이 얘기를 할 때 좀 망설여요.

그 심정 같은 게 부모로서 당연히 희생해야 할 부분인데도 불구하고, 나는 절대 그렇게 느끼지 못했다는 걸 아직도 다른 사람들을 향해 설득할 자신이 없어요. 사회적으로 보면 희생이 너무 당연시되는 사회에서 '나도 하고 싶은 게 있다'와 저는 지금 상충되는 상태고. 어찌 되었든 양쪽을 다 어떻게든 건너가면서 하려고 하는 거고요. 사실 미안한 부분들은 여전히 있습니다.

이제 큰애가 영국 생활을 끝내고 한국에 왔을 때, 한국말이 어눌한 탓에 적응에 조금 어려움을 겪었다고 해요. 나중에 애가 하는 말에

의하면 '중학교에 입학한 이후 부터는, 얘기해 주는 사람 아무도 없이 자기는 혼자 있었다.'라고 했다더군요. 근데 저는 그 당시에 그걸 잘 몰랐어요. 애랑 얘기할 기회가 별로 없으니까, 일하느라 바쁘고 내 거 하느라 바쁘고. 그러다 나중에는 아이들과 얘기할 거리조차 없었던 거죠. 그래서 지금이라도 좀 더 자주 소통하려고 노력합니다.

미안한 마음은 가지고 있으면서, 제가 하고 싶은 것을 같이 추구하는 것도 중요하다고 생각해요. 그래서 거기에 대해서는 가족들에게 이해와 양해를 많이 구하고 있고요. 다행히 이제 애들도 커 가면서 이해해 주는 거 같아요. 마음속으로는 아닐지 모르겠지만. 어쨌든 지원해 주는 면도 많이 있다고 생각을 합니다.

## 불평등에 내가 저항하지 않으면,
## 우리 딸들이 짊어져야 하더라고.

우리 시대의 아줌마에 대해서 얘기를 했으면 좋겠다고 생각해서 여기 왔어. 지금 하고 조금 다른 X세대의 얘기는 나 자신도 한 번도 생각해 본 적이 없었던 것 같아. 경단녀를 겪으면서 아이들이 오롯이 내 책임이었던 그 시대 이후에도 일하느라 바빴으니까.

여전히 아이들을 키우고 있지만, 과연 엄마 역할, 딸의 역할, 그리고 또 며느리 역할 이런 거 어느 하나 제대로 하고 있는지. 잘하고 있는지. 어쨌든 나의 가치는 되게 어정쩡하다는 생각이 좀 많이 들었어. 그게 아마 우리 시대를 사는 X세대 여성들은 다 좀 비슷하지 않을까라는 생각이 들어. 왜냐하면 우리는 태어날 때 여자라서 조금 구박받고 태어난 세대잖아.

딸을 낳았다는 이유로 우리의 어머니들은 좀 시부모님들한테 미안해하는, 그런 존재로 우리는 태어났는데, 지금 이 시대에선 딸을 가진 부모는 되게 부러움의 대상이 되는 존재가 된 거지. 근데 우리 엄마도 "아, 딸이 있어서 좋겠다."라는 얘기를 친구들에게 듣고 있어. 그럼 나는 어릴 때 가지지 못한 가치를 이제야 가지게 된 거지. 근데 과연 나는 그만큼 가치 있게 대우받고 있나 싶어.

어느 정도 살아 보니까 나의 시어머니보다는 지금이 훨씬 더 나은 시대이기도 하고, 그들은 더 많은 고생을 하면서 살아왔었고. 그래서 그런 걸 봤을 때 지금의 나의 상황이 결코 절망적이지는 않다는 생각을 가져. 하지만 여전히 평등하다고 느껴지지는 않는 것 같아. 그러다 보니까 그런 나에 대해서 계속해서 의심하는 거지. '내가 올바른 걸 하고 있나?', '이게 맞나?' 그런 생각으로 여러 여성의 얘기를 들으면서, 모든 여성이 가지면 단 하나의 똑같은 바람이 있다는 걸 알게 됐지.

그건 우리의 딸들은 조금 더 나은 세상을 좀 살았으면 좋겠다. 라는 거야.

그런 생각이 들었어. 내가 변화를 위해서 행동하지 않으면 결국 내 아이는 정말 큰 결심을 해야지, 큰 용기를 내야지만 그 변화를 이뤄낼 수 있겠구나. 이 시대의 내가 조금이라도 뭔가 하지 않으면 그들도 똑같은 확률이 더 높겠다.

내가 페미니스트들이 그렇게 투쟁하는 것만 바라보면서 이 시대가 좋아지기를 바란다는 거 자체가 너무나 이기적인 거 같다는 생각도 들었어. 내가 보여준 게 없는데 우리 아이들이 용기 내서 권리를 주장하고 부당함에 저항할 거라고 기대하는 거는 너무 그들이 큰 용기를 내고 가혹하게 현실에 맞서야 할 거 같다는 생각이 들더라고.

그럼 내가 할 수 있는 게 뭐지? 그거를 찾는 시간을 좀 가져보자. 그래서 이번에 친구들과 여성의 날을 기념하여 토론회를 기획했어. 기회가 되면 여성들이 계속해서 한 스텝 한 스텝 조금씩 작은 발걸음을 나아갈 수 있는 그런 걸 할 생각이야. 물론 너무 힘들고 어렵지만 여러 가지 시도를 해보면 좋은 날이 오지 않을까?

# 가족 중에 누구에게라도 사랑받고 싶었어

처음부터 얘기하면 부모님이 이혼했고 어린 나이에 언니 둘이랑 나는 트라우마가 너무 강하게 남았어. 그 이혼을 하는 과정 자체가 남들하고는 좀 많이 달랐기에, 남에게 보이지 않는 트라우마가 남게 된 거지.

그게 나중에 커서 찾아보니까 '수면 섭식 장애'였어. 자다가 일어나 몽유병 상태에서 음식을 섭취하고 기억을 못 하는 병이었고, 당시에는 아무도 그 병에 대해서 인식이 없었어. 새어머니는 나를 엄청나게 사랑해 주고 아껴줬는데, 본인도 사실 새어머니라는 역할에 대해서 애들을 잘못 키우면 안 된다는 생각이 굉장히 강했지. 몽유병에 대한 인지는 없고, 내가 거짓말을 한다고 생각을 하니까 나를 다그치고 혼을 많이 냈었어. 근데 그 혼을 내고 다그치는 방법이 아버지도 그렇고 엄마도 그렇고 둘 다 정도가 많이 셌고, 다른 사람들이 지금 들으면 학대라고 할 수 있는 정도. 솔직히 말하면 맞는 것보다 말이 더 무서웠어, 가장 나한테 총알처럼 남는 말들이 뭐냐면 "너 때문에 이혼을 했다." "너만 없었어도 우리 집이 행복했을 텐데, 너 때문에 집이 불행해졌다." 라는 그런 말들이 아직도 마음에 많이 남아있어.

내가 아무리 진짜라고 기억이 나지 않는다고 해도 가족 중에 아무도 믿어 주지 않았어. 실제로 비디오카메라를 두고 촬영을 했을 때 내가 자는 도중에 음식을 꺼내 먹는 걸 내 눈으로 확인을 했었지.

아, 내가 진짜를 말해도 아무도 믿어 주지 않는다면 다른 사람들이 믿을 만한 말을 하는 게 나한테 더 낫겠구나. 왜냐하면 인정해버리면 안 맞으니까

사실 내가 가장 원하던 건, 그저 평범한 삶, 평범하다는 게 제일 어렵다고는 하지만 그저 아무런 특별한 일이 없이 그냥저냥 있는 가정 정도만 있으면 좋겠다. 아니면 가족 중에 누구 하나라도 나를 사랑했으면 좋겠다. 나를 이해하려고 노력했으면 좋겠다.

그래서 이해를 바라고 엄마를 다시 봤을지도 모르지. 막상 와서 보니까 되려 자신들이 떳떳한 거야. 그것 때문에 작년 초까지만 해도 되게 힘들었던 것 같아. '왜 이 사람들은 나한테 잘못했다고 하지 않지?' '왜, 난 용서를 해줄 준비가 다 됐는데, 이 사람들이 아무것도 인정하지 않지?' 작년에 계속 그런 것을 가지고 속으로 힘들어하고

스스로 결론을 내렸어.

지금도 그렇고 앞으로도 그렇고 산다는 게 항상 힘들지만은 않아. 여태껏 살아오면서도 힘들었던 것만 지금 얘기를 하지만, 힘들지 않고 즐거웠던 순간도 있어. 잊어버렸던 순간도 있고. 그러니까 괜찮아진다는 건 이것을 다 지우고 없던 일이 되고, 응어리가 풀려서 괜찮아지는 게 아닌 것 같아.

처음엔 괜찮다고 얘기하고 싶었는데 생각해 보니까 괜찮지 않거든? 지금도 연락하고, 보고, 지내고 하지만 종종 마음속에서는 울컥울컥해. 내가 그렇게 힘들었을 때 아무도 몰라 줬으면서 인제 와서 나한테 알아달라고? 근데 그걸 파헤치고 나서 그 사람들을 인정시켰을 때, 과연 내가 행복할까라고 생각하면 또 그것도 아니야. 이대로 지내는 것도 나쁘지 않다 싶기도 해.

# 고춧가루 파는 나를 스스로 부끄러워했어

나는 고춧가루를 판매하는 삼십 대야. 고춧가루를 시작하게 된 것은 2014년이야. 2014년 3월에 시작하게 됐어. 그때 내가 준비하고 있던 건 워킹홀리데이였지. 나는 그 당시에 군대를 갔다 오고, 바로 생활전선에 뛰어들었어. 지금 생각하면 일을 하면서도 늘 불안했던 거 같아.

'직장 생활을 이렇게 하다 보면 뭐가 될 수 있을까?'라는 생각을 많이 했던 시기였어. 그러다가 지인의 소개로 고춧가루 회사에 들어갔는데, 그때 나는 망설임 없이 하겠다고 했어. 지나고 나서 생각해 보니까, 내가 그때 워킹홀리데이를 준비하고, 비자를 받아놓고, 일을 하며 돈을 벌었던 건 단지, 현실의 내가 여기 한국에서 아무것도 할 수 없었다는 무력감과 어떤 도피성이 있었던 것 같아. 그랬는데 어디서 같이 일을 하자고 하니까 얼마나 나는 반가웠겠어. 그래서 그때부터 나는 고춧가루 일을 시작하게 됐지.

"너 고춧가루 팔아서 얼마 벌어?" 아니면 "뭐 하세요?" 예전에는 그런 질문을 받을까 봐 미리 준비한 적도 있었어. 근데 지금은 그냥 "고춧가루 팔아요."라고 딱 대답을 해. 그러면 그렇게 얘기하는 순간 사람들이랑 되게 친밀하고 더 오래가고 되게 깊숙한 관계가 되더라고. 그리고 나 자신도 그게 좋아, 제일 좋아! 나는 고춧가루 파는 사람이야. 처음엔 다른 사람의 눈치를 되게 많이 봤어. 사람들이 날 어떻게 생각을 할까? 그냥 쟤 고춧가루 판다고 하는데, 사실 딱 보이는 게 있잖아. 끌고 다니는 차라든지 옷의 행색이라든지, 어떤 것들이 멋지지는 않으니까 괜히 신경이 쓰였던 것 같아.

근데 물론 지금은 매출도 좋고 사업도 잘되는 것과는 별도로 그냥 나 자신 그대로 있는 모습을 보여주려고 하거든. 그 당시에는 돈이 없어도 있는 척하려고 했었어. 그리고 사람들한테 뭔가를 보여주려고 하고, 약간 과하게 소비했던 것 같기도 해. 그 당시에는 솔직하지 못했고, 지금은 되게 솔직해! 그러려고 많이 노력하기도 하고.

나는 그냥 고춧가루 파는 사람인데 뭐 다른 걸 갖다 붙일 이유가 없잖아. 사업하는 사람, 대표, 이런 얘기를 할 필요가 없단 말이야. 그냥 고춧가루 파는 사람인 거야, 나는. 여기에는 다른 어떤 미사여구를 붙이고 싶지 않고, 있는 그대로 나를 사람들한테 얘기하고 있어. 아, 그래 그렇게 마무리하자, 그래 맞아 그게 진심이야! 고춧가루를 판매하면서도 좋고 행복하고.

일을 하며 생기는 여러 고민들을 없애고 해결하는 방법은 없으니까. 내가 지금 여기서 무엇을 해야 하는가. 그런데도 나는 무엇을 해야 하는가를 생각하고 있어. 나는 고춧가루 파는 사람이니까.

# 남편한테 맞아도 참고 살았던 내가 후회돼

아직 애들이 8살이고 6살이라 좀 어려서 걱정이지만, 지금도 큰 애 같은 경우는 아빠가 없다는 걸, 아빠랑 같이 안 산다는 걸, 그리고 이혼했다는 걸 알아요. 그런데 어떻게 이혼했는지는 잘 모르기 때문에 엄마가 이런 마음으로 이혼을 했고, 너희를 버리지 않았다는 것을 알았으면 좋겠어요. 저도 사춘기를 심하게 겪었는데 우리 애들도 사춘기가 올 거고 엄마를 이해 못 하는 시기도 있겠죠. 그때 저는 [dear_]의 이 영상을 반드시 보여주도록 하겠습니다.

안녕하세요, 저는 싱글맘 4년 차 이주하 입니다. 저는 8살 딸과 6살 아이를 혼자 키우고 있어요. 지금은 이혼해서 너무 행복하게 살고 있는데, 왜 그때는 이렇게 이혼을 빨리 못 했을까. 그때의 저에게 한마디 하고 싶습니다.

싱글맘으로 살게 된 계기는 남편한테 소화전으로 맞아서 결정하게 됐는데요. 남편과 사는 7년 동안 입에 담지도 못할 심한 욕설을 날마다 듣고 살았습니다. 그때 한번 맞았을 때 사실 이혼을 빨리했었어야 했는데. 첫 아이 갖기 전에 사실 그런 위기가 있었거든요. 근데 그때는 부모님이 너무 조금 힘든 삶을 살고 계셔서, 돈 많은 남편 덕을 좀 많이 보려고 했었던 것 같아요. 내가 참고 살아야지만 엄마한테 좀 도움을 줄 수 있을 것 같았거든요. 사실 그 남편은 엄마가 소개해 준 남자였어요. 엄마의 선택이 잘못된 게 아니라는 걸 보여주고 싶어서 그냥 억지로 참고 살았던 거죠.

그래도 우리 두 아이를 버리지 않고 데리고 나와서 다시 살겠다고 다짐하고 그 선택도 조금이라도 남자 덕 보려고 살려 했던 내 잘못이지, 남의 잘못이 아니라는 것을 알게 된 순간부터 제 인생을 다시 살아온 것 같아요. 이혼이라는 게 꼭 나쁜 것만은 아니잖아요?

그래서 저는 이혼을 조금 망설이고 있거나 남편한테 하대를 받는 분들. 남자가 아니면 안 되겠다는 생각을 하고 있는 엄마들에게 한마디 하고 싶어요.

"세상에 당신 혼자 할 수 있는 일은 진짜 많아요. 내가 할 수 있는 일은 너무나도 많아요! 분명 세상에 당신을 찾는 사람도 많을 것이고, 당신 안에 가진 모든 게 다 당신의 장점이 되어서 도와줄 거니까 당당하게 이 세상으로 나왔으면 좋겠어요."

저는요 언젠가는 저와 비슷한 아픔을 겪는 사람들을 많이 도와주는 사람이 되고 싶어요. 이혼의 아픔을 겪고 힘들어하는 엄마들한테 당신 때문에 이혼한 것이 아니에요. 너무 비난하지 말고 힘들어하지 말고 다시 잘살게 돼서 우리 소중한 애들 다시 찾으러 갔으면 좋겠어요. 나는 지금 아이들을 데리고 나왔던 나에게 또다시 칭찬해 주고 싶고, 지금의 이 선택을 절대 후회하지 않아요.

그래서 이혼을 고민하거나 무시당하고 있는 여자들에게, 너의 인생은 너의 것이고 누구 책임도 아니며. 당신이 한 선택이니 그 선택을 다시 돌릴 수도 있다고, 이야기해 주고 싶습니다. 한번 선택했다고 해서 그 길을 계속 가야 되는 건 아니잖아요? 그러니까 "다시 돌아와도 아무도 뭐라 하지 않는다."라는 것을 잊지 말았으면 좋겠어요.

# 그렇게 나는 스물여덟에 대장암 판정을 받았어

오늘 나는 내가 살면서 가장 기억에 남았던 순간에 관해 이야기해 볼까 해. 그 순간은 수면마취에서 깨서, 한 장의 사진을 마주했을 때야. 그 사진으로 나는 스물여덟 살에 대장암 진단을 받았어. 사진을 유심히 보시던 의사 선생님이 건넨 첫마디는 혹시 지병이 있냐고 여쭤보셨어. 그래서 나는 지병이 없다고 했고, 그럼 혼자 왔는지 보호자는 있는지 여쭤보시더라고. 근데 난 혼자 갔거든. 그러더니 하시는 말씀이 솔직히 말씀을 드리면 이 사진의 모양은 암이 아니면 설명을 할 수 없는 거니까, 얼른 큰 병원으로 가서 수술하는 게 나을 것 같다고 말씀하시더라고.

당시에는 좀 실감이 많이 나지 않았던 것 같아. 그런데도 그 사진 속에 모양이 되게 흉측하게 느껴졌었고 한편으로 되게 무서웠던 것 같아. 제일 먼저 생각나는 사람이 엄마여서 전화를 했는데 엄마는 되게 무덤덤하게 말씀을 하시더라고. 항암만 안 하면 되니까, 젊으니까 치료 빨리하면 된다. 그렇게 하시면서 조금씩 나의 불안감을 줄여주려고 하시는 것 같았어.

암을 처음 진단을 받았을 때는 머릿속이 하얘졌던 것 같아 아무런 생각이 안 들었어. 너무 두려워서 아무런 생각이 그랬던 것 같기도 해. 나는 소위 말해 술을 자주 먹는다거나 담배를 피운다거나 안 좋은 음식을 아주 많이 자주 섭취한다거나 그런 사람도 아니었거든. 근데 왜 나에게? 그리고 어쩌면 미래를 위해 조금 더 준비할 수 있는 중요한 그 시기에, 왜 나에게 그런 시련이 왔을까? 그런 생각을 되게 많이 했었어.

수술하고 나서야 이제 병기나 이런 암의 진행 정도를 파악을 할 수 있어서, 그전까지가 가장 많이 힘들었던 것 같아. 밤을 새우면서 나의 지나왔던 내가 그냥 미쳐 대수롭지 않게 여겼던 증상들을 막 찾아봤어. 계속 알 수 없는 판단을 하는 거야. 내가 지금 이 정도, 이런 몇 개의 증상들이 있었으니까 난 지금 몇 기쯤 됐을 거야. 어쩌면 더 부정적인 생각일 수도 있잖아. 근데 다행히도 크게 이상은 없었고 수술도 잘 마무리가 되었어. 정말 기적이라고 생각을 해 그 과정은 너무나도 힘들었지만, 어느새 조금씩 회복하고 시간이 흐른 뒤에 그 사진을 다시 보니까 이제 더 이상 무섭게 느껴지지 않더라고.

이를 계기로 그동안 내가 너무 완벽하게만 하려고 했던 것들에 대해서 생각을 하게 됐어. 무엇이든지 완벽하게 하려다 보니까, 내 몸을 너무 혹사 시킨 건 아닌가 싶은 생각이 들더라고. 그러면서 부족한 모습도 나이고 지금의 아픈 모습도 나이고 조금은 틈이 있는 모습도 나라는 것을 발견하고 인정하고 받아들이기 시작했던 것 같아.

사실 이십 대 암 환자가 흔치 않다 보니까 그걸 많이 숨기고 혼자 아파하는 분들도 많은 것 같더라고. 나도 처음에는 조금 그 생각이 들었던 것 같아. 근데 내가 잘못을 해서 생긴 병도 아니니까. 나라는 사람을 있는 그대로 밝힘으로써 스스로 아껴준다는 생각이 들어. 그리고 또 다른 누군가가 이 영상을 보게 되었을 때 혼자 아파하지 않을 수 있었다면 좋겠어.

# 따돌림에서 오는 상처는 오롯이 내 몫이더라

저는 사실 대인관계에 대해서 크게 막 아파하지 않는 편이고, 단호하게 끊어내는 편인 것 같아요. 그 이유는 제가 초등학생 때 경험 때문인데, 당시 저는 친한 친구 두 명이 있었어요. 근데 어느 순간 이 두 친구한테서 저도 모르는 하나의 이름이 나타났어요. 그 이름을 가진 친구에 대해서 굉장한 험담을 하는데, 저도 어린 마음에 같이 험담을 했어요. 근데 나중에 알고 보니까 그 새로운 이름이 제 이름이었더라고요.

초등학교는 어떻게 잘 마무리하고 이제 중학교에 갔는데, 그 일진이라는 그 말 아시죠? 어느 날 저한테 표정이 안 좋다는 이유로 따로 탈의실에 불려가게 된 것에요. 저는 혼자였고 그 친구들은 한 15~17명 정도. 저도 많이 때렸기 때문에 맞은 데에는 아픔이 그렇게 없었는데. 사실 그 기억이 계속 남는 이유는 가장 맨 끝에 저랑 친했던 친구가 있었어요. 제가 맞고 있는 것을 그냥 서서 바라만 보고 있더라고요.

내가 지금 보는 사람이 내 친구가 맞나? 라는 생각. 사실 그때의 기억은 잘 떠오르진 않아요. 하지만 그 친구의 모습만큼은 아직도 선명하게 떠오른다고 해야 하나?

대학교 4학년 때는 저희 할아버지가 돌아가셨어요. 학교에 출석을 체크하려면 사망진단서를 가지고 가야 한대요. 근데 저는 제 주변에서, 제 가족에서 처음으로 돌아가신 분이 생긴 거라, 사망진단서라는 게 굉장히 낯설고 건네주기도, 떼는 것도 다 어색하고 정말 힘들었어요. 어렵게 전공 교수님 한 분께 조심스럽게 건네 드렸는데, 갑자기 제 표정을 보더니

"야 그래 잘 들고 왔다. 네가 출석을 맞으려면 이런 거 들고 와야 해. 근데 너 수업 때 왜 이렇게 안 웃어?"

라고 얘기를 하시는 거예요. 그 이야기를 듣고 처음 대답했던 게 "죄송합니다, 웃을게요."였어요.

그리고 그날 수업을 들어갔더니, 갑자기 "얘들아 소하은 얼굴 봐봐. 쟤는 참 이기적인 애야. 악기를 들고 있으면, 음악을 하고 있으면 그 슬픔을 벗어나서 행복해야 하는데 쟤는 자기 슬픔밖에 모르는 이기적인 애라서 저러는 거야."라고 얘기하시는 거예요. 제 성격 같으면

진짜 박차고 일어나서 진짜 한 소리 하고 싶었지만, 그때 저한테 가장 크게 남아있던 게 졸업 연주였거든요. 졸업 연주를 했다고 해서 졸업이 되는 게 아니에요. 그것마저도 시험이고, F를 맞으면 다시 한 학년들 다녀야 하니까 화를 내지 못했어요. 만약에 내가 화를 낸다면, 너무나도 벗어나고 싶은 이 학교에서 벗어나지 못할까 봐 너무나 두려웠거든요.

이후에 서울로 올라오고 보니까, 내가 굳이 사람 하나하나에 연연할 필요도 없다고 생각했어요. 결이 맞지 않던 사람들로부터 일어났던 거고, 나와 결이 맞지 않으면 그 관계를 이어 나가려는 노력 없이 단호히 끊어내는 성격으로 변한 것 같아요. 무슨 일이 또 생기면 이런 가치관이 또 바뀔지 모르겠지만, 지금까지는 제가 가지고 있는 이 가치관에 대해서는 별로 바꾸고 싶지도 않아요. 한동안은 또 이렇게 지낼 것 같다는 생각을 많이 하고 있습니다.

# 사랑은 선택이고 의지의 영역이더라

나는 많은 사람이 이미들 이야기하는 '사랑'에 대해 얘길 좀 해보고 싶었어. 누구나 이렇게 자라면서 되게 영향을 많이 받는 제일 영향을 많이 받는 주변 사람들이 있잖아. 내게도 그런 사람들이 있었는데, 그 사람들은 정작 나 때문에 행복하지 않아 하는 거야. 나 때문에 맨날 힘들어한다거나 운다거나. 뭔가 마음대로 안 돼서 힘들어하는 모습들을 봤을 때, 저 사람이 나를 좋아하지 않는다는 게 많이 느껴졌었어. 나중에는 그렇게 인정도 하더라고. 난 저 사람을 너무 행복하게 해주고 싶은데 그게 되기 어려운 일이었던 거야.

살면서 눈치도 많이 보고 모든 게 버거웠어. 굉장히 힘들고 보이지 않는 그 기준에 맞춰야 한다는 필사적인 몸부림으로 살아왔던 것 같아. 그러다 보니까 정신적으로도 문제가 되게 많았지. 평범하게 일상적인 행복을 누린다는 게 너무 어려웠던 것 같아. 내가 이게 좋은가 싫은가를 나타내는 기준점은, 다른 사람의 초점이 훨씬 많았던 것 같아.

그러다 대학에 들어가면서 친한 부부를 만났어. 그 친구들이 항상 하는 말이 "사랑은 선택이다." 그 말을 항상 말하거든 "사랑은 하는 사람 책임이다." 그런 이야기를 많이 해줬어. 그 말이 처음에는 화가 나더라고.

'너희가 나를 다 알게 돼도, 그렇게 기고만장하게 말할 수 있을 것 같아?'

왜냐하면 내가 예전에 들었던 그 메시지를 준 사람에 의하면 내가 최상의 모습이 '1'이고 최하의 모습이 '5'라고 봤을 때 '1'만 보여줘야 사람들이 좋아하는 거야. 그러니까 2, 3, 4, 5를 보여주면 그건 내 책임인 거지. 그러면 사람들이 무조건 떠나가는 그 시스템이 내가 믿고 살아온 세계인데, 얘네가 그 세상을 자꾸 흔드는 거야.

"그렇게 좋은 모습만 보여주지 않아도 돼. 그래도 괜찮아. 네가 우리를 떠나기로 선택하지 않는 이상 우린 절대로 널 떠나지 않을 거야 왜냐하면 우리는 널 사랑하기로 계속 선택할 것이기 때문에."

나는 그 말이 화가 나다가, 그게 쌓이고 쌓여서 몇 년이 지나서야 믿게 됐던 것 같아 그런 사랑이 존재하는구나. 그 친구들이랑 많은 시간을 보내고 대화도 많이 하고 많이 울고 웃고 맛있는 거 많이 먹고 하면서 나도 이렇게 살고 싶어졌어.

그 친구들 옆에 있으니까 내가 괜히 그렇게 할 수 있을 것 같았던 것 같아. 그럼에도 아직 쉽지는 않아. 여전히 그 잔재가 많이 남아있고, 여러 가지로 나의 정신을 좀먹었던 그런 곰팡이들이 아직 남아있지만 그래도 예전보다 조금 살만한 것 같아.

나는 계속 미움받지 않기 위해, 왜냐하면 다 내 책임이었으니까. 그렇지 않기 위해서 필사적으로 노력하며 살았는데, 이제는 정말 미안할 때만 미안하다고 하면서 눈치 보지 않고 살려고 해.

# 사이비 종교에 들어가 있는 동안

안녕, 내가 수치스러웠던 얘기들을 용기 있게 말하고 싶어서 왔어. 나는 학창 시절에 친구들이 했던 말들이 사실 잊히지 않아. 부모님이 매일 싸우셔서 학교에 한 시간 일찍 등교하던 날이었어. 근데 친구들이 하는 말이 "그렇게 네가 공부한다고 전교 1등 할 수 있을 거 같아?"라고 하는 거야. 그리고 제일 싫었던 건 내 존재 자체를 부정하는 건데, "너 우리 반이었어?" "너 이름이 뭐였더라?"라는 그 말을 들을 때마다 아, 내가 대체 뭘 잘못했길래 저런 말을 들어야 하나 싶었어. 입시 시절이니까 당연히 쉬는 시간에 공부했고, 너희들보다 얼굴이 별로니까 나는 공부를 열심히 한 거야, 근데 조별 과제를 같이 하거나 하면 빼버리고, 내가 물건을 잃어버렸을 때는 "잃어버린 거 왜 나한테 찾아? 정신 나갔네." 그런 말을 해.

나를 지켜 줄 사람도 없고 제일 지옥 같았던 순간이었어. 그래서 결국 섭식 장애까지 오고, 밥을 잘 안 먹다 보니까 뇌 기능 장애까지 생겨버렸어. 난독증 증상처럼 머리에 글이 하나도 안 들어오는 거야. 대학교 생활에 적응해야 하는데 공부는 또 공부대로 안 되니까 차라리 죽는 게 낫겠다 싶더라.

내가 힘든 거에 관심 가져주는 사람 아무도 없고, 모두 다 외면했으니까 어쩔 수 없겠다고 생각했고 그래서 죽으려고 하는 시점에 종교인을 만나게 됐어.

나처럼 웃고 있는데 웃는 것 같지 않은 여자. 너무 잘하고 싶고 너무 잘 살고 싶은데 그런 부분들이 안돼서 종교에 목숨을 건 여자한테 내 마음이 열렸어. 그냥 내 촉으로 너무 따뜻했고, 그들과 함께하고 싶어서 무조건 믿으면서 종교에 들어갔지. 사실 들어가기 전에도 '종교 뭐 어때서? 자기가 힘이 들면 가는 거고'라는 생각이어서. '그러다 보면 잘 되겠지?' 이런 안일한 생각을 하게 된 거야.

근데 그 사람들도 종교에서 다 당하고 있더라고. 너희들이 종교에서 제대로 활동을 안 하면 부모님이 잘못된다는 그런 세뇌를 당하면서 다니고 있는 거야. 결국 나는 그곳에서 나오기로 결정했고, 사실 지금까지도 남아있을 친구들은 굉장히 불쌍해.

웃긴 건 나오고 나서 마음이 굉장히 힘들었어. 왜냐면 그 사람들한테 의존했었거든. 부모님께 받지 못한 사랑을 그들에게로 돌려 깊게 의지를 했던 거지. 먹을 것도 사주고, 힘든 얘기도 들어주고 원망도 함께하고.

'왜 하필 그때의 내게 말을 걸었을까?' 란 후회도 많이 했는데, 결국은 그거더라고. 정서적으로 힘들 때 종교에 미친 사람들이든 누구든, 한 명쯤과는 교감을 할 수 있다면 살 희망이 생긴다는 것. 그걸 많이 느꼈고, 내가 힘들 때 내가 아무리 내가 아파도 본체만체하던 친구들 너희보단 나아. 그렇게 생각했어.

그래서 후회는 없어. 지금은 죽고 싶었던 그때보다 훨씬 더 살고 싶어졌거든. 그래서 적어도 내겐 그때의 기억이 굉장히 좋은 기억이야.

# 성폭력을 당했다는데,
# 선생님은 나만 참으면 된다고 했어

나는 열아홉 살 '루스'라고 하고, 나는 어릴 적 얘기를 하기 위해서 나왔어. 우리 집은 가정폭력이랑 돈 문제가 여러 개 합쳐져서 좀 난리가 났던 집이었어. 그러다 보니 우리 집은 다른 곳으로 이사를 하게 되었고, 그곳은 매일 밤 고성방가가 엄청나게 심했던 빈민촌이었지.

이사를 하고 처음 학교에 간 날에 학교 폭력이 시작됐어. 전학 첫날에 애들 앞에서 자기소개하고 담임 선생님이 잠시 나가시는 동안, 빈 우유갑이 날아오더라고. 사실 거기 학교는 인원수가 너무 적어서 한 학년에 한 반씩밖에 없었거든. 그날 이후로 남자애들은 집단으로 폭력을 휘둘렀어.

그리고 성교육을 언제 한번 했었는데 그게 또 흥미가 돋았었나 봐,

나한테 와보라고 하더니 누워보래. 그러고는 갑자기 애들이 몰려와서 나를 둘러싸더니 옷 안에 손을 넣어서 몸을 만지기 시작했어. 내가 저항을 하니까 손이나 발을 자기네들 몸으로 눌렀고, 남자애 중에 약간 대장 같은 애가 바지와 속옷을 벗고 내 바지랑 속옷도 벗겨서 그걸 하는 것처럼 비벼대기 시작하더라고. 담임 선생님이 직접 그 장면을 목격한 것은 아닌데, 이후에 걔가 다시 옷을 입는 것은 분명 봤었어. 그걸 보더니 들어와서 상황을 훑어보더라고, 그리곤 걔를 불러내서 뭐라고 하기는 했어. 한 10초 정도 뭐라 했나? 그리고 다시 반에 들여보냈어. 그 이후에도 가끔 와서는 몸을 만지고 도망을 간다든지, 그런 일들이 꽤 자주 발생했었어. 하지만 그때는 몰랐지, 그게 성범죄라는걸. 그때의 나는 너무 어렸으니까.

담임 선생님한테 말해봤는데 내 잘못이라는 말밖에 돌아오지 않았어. 절망적이었지. 다른 선생님께도 가봤어. 좀 참아보래. 또 다른 선생님께 갔어. 친구들끼리 그럴 수도 있지, 그런 말만 할 뿐 그 누구도 나에게 직접적인 도움을 주지 않았어. 실제로 담임 선생님은 내 잘못이라고 한 뒤, 철자로 손바닥을 몇 대 때리기까지 했어.

부모님께도 말을 해봤지. 엄마도 딱히 별다른 조치를 취해 주진 않았어. 경찰에 신고해도 대충 담임선생님과 내게서 따로 말을 듣더니, 남자애들을 불러 모아보래. 그러더니 한 30분 정도 설교를 했나? 그러고는 그냥 갔어. 그게 정말 딱 끝이었어.

내가 한 번은 교장실에 간 적이 있어. 가서 "교장 선생님, 반 애들이 남자애들이" 막 팔을 걷어서 보여주면서 얘길 했는데, 그냥 조용히 넘어가자더라. 친구들끼리 좀 심하긴 한데 그래도 친구잖아, 너만 좀 조용히 있으면 학교에 아무 일도 일어나지 않는다. 그렇게 말하면 내가 할 말이 뭐가 있어, 나는 그때 겨우 열 살이었는데. 진짜 의지가 쫙 빠지더라고. 누군가한테 말할 이유도 못 느껴지고, 말해봤자 내가 아프다는 거 알리는 것밖에 더 되나 싶어서. 그때 이후로는 말 안 했어, 아무한테도.

근데 어떤 언니가 그랬어. 과거는 인정하고, 제대로 마주해야 한다고. 없던 일로 치부하면 의도치 않게 드러날 때마다 분명 힘들 거라고. 물론 완전히 받아들이기까지는 시간이 걸리겠지. 그래도 언젠가 다 나아지지 않을까 생각하고 있어. 나랑 비슷한 아픔을 가진 사람들이 잘 살았으면 좋겠어. 그렇다면 일단 나부터 잘살아야겠지.

# 나이가 들어도 소통은 어렵더라

나는 82년도에 SK에 입사해서 SK에서 35년을 보내고, 정말 남부럽지 않은 대기업 생활을 했지, 더군다나 임원을 15년 했으니까. 그리고 멋지게 은퇴하고 나서 더 멋진 2라운드를 보내면서, 현재는 사단법인 굿피플 상임이사를 맡은 강대성이라고 해, 반가워.

사실은 그동안 삶의 모든 분야는 내가 속해 있는 조직 안에서 살아왔는데, 지금 돌이켜 보면 가족들은 나를 어떻게 볼까 하는 생각이 들어. 밖에서는 대화를 자주 하는 나였지만 집에서는 그러지 않았어. 아마 하루 대화 총량의 법칙 이런 게 있는 것 같다는 생각이 드는데, 사실 집사람 측면에서 보면 온종일 집에 있었기 때문에, 남편이 오면 이런저런 이야기를 하고 싶을 거야. 서로 간의 입장을 잘 모르는 거지. 그러니까 그동안에 너무 내가 내 욕심 위주로 살아온 거야. 집에 들어가면 "당신 오늘 뭐 했어요?" 아내의 물음에 "바빴어." 단답형으로 이렇게 한다거나. 내 생각만 하는 거야, 내 생각만.

그래서 요즘은 집에 가서 이러 이러한 이야기를 좀 해야 하겠다 결심하고 들어가. 그런데 예상치 못한 다른 상황이 전개되는 순간이면 또 거기서, "에휴 그래 내가 무슨 놈의 이야기를 해."하면서 마음이 사그라지더라고.

요즘은 젊은이들이 사용하는 용어를 모르면 TV를 볼 때 가끔 이해가 안 가. 단어 자체가 뭘 의미하는지 모르는 것들이 많아서 대화가 안 돼. 근데 또 그 젊은 친구들한테 우리 때 썼던 그런 용어를 갖다 막 이야기하면 거기서 또 소통이 안 될 것 같고. 그래서 이제 '아 먼저 다가가자.' 생각했지. 하여간 모르면 물어봐야 하니까. "이게 무슨 뜻이야?" 해서 가르쳐주면 그걸 또 갖다가 다른 곳에다가 써 보면 되게 또 재미있어하기도 하고 정말 소통에 대한 그런 고민, 요새 **빨리 좀 다름을 인정하고 행동하려는데 잘 안되는 거야.**

늘 상대편의 관점에서 서 보고 또 물어봐야 할 것 같아. 그냥 스스로 예단하고 내 가치관에 비추어서 "쟤는 못됐어." 이렇게 할 게 아니고 "왜 그렇게 했어?" 하고 한번 물어보면 될 것 같은데 사람들은 잘 안 물어보고 그냥 스스로가 판단해버리는 거지

가끔 저녁 시간에 젊은 친구들이 부르면, 어유 그게 얼마나 감지덕지야. 젊은 친구들이 불러주는데. 그때도 느낌이 '아, 말을 내가 적게 해야지.' 생각해. 그런데 그게 안 되더라고. 그러니까 하다 보면

우리 같이 세상 경험도 많다 보면 해주고 싶은 이야기가 너무 많은 거야. 근데, 내가 이야기를 많이 해버리면 자기들도 떠들고 싶은 게 있을 텐데 못하게 되잖아.

그래서 요즘은 될 수 있는 대로 말을 줄여보자. 줄여보자. 생각해. 되도록 들어보고 질문하는 것에만 답변해 주고, 이런 형태로 엄청나게 노력을 하고 있는데 나이를 먹다 보니까 잘 안돼. 그냥 모든 게 다 안타깝고 그러니까 더 해주려고 하는 건데, 사실 요즘엔 그렇게 해선 소통이 더 안 되는 것 같아. 그래서 나온 이야기가 '라떼는 말이야' 이 소리가 나온 것 같아.

# 싫어서 헤어진 게 아닌데, 결혼은 너무 현실이더라

일단 마음이 정말 잘 통하는 사람이었고, 이해심이 깊었어. 그냥 옆에서 나를 잘 보듬어 준 것 같아. 만약 내가 별것도 아닌 걸로 욱하거나 목소리가 커지면 그 사람은 나에게 괜찮은 거라고, 아무 일도 아니라고, 별일 아니라고 말을 줬어. 그러면 이제 내 머릿속에 '아차' 하는 거야. 그리고 되게 잘 들어주고 의견을 잘 맞춰 주는 사람이었던 거 같아.

나는 지난 연애에 대해서 좀 얘기를 해볼 거야. 친한 형이 미국에 유학을 가 있는 상태였어. 그 형이랑 얘기하다 보니까, 나도 괜찮은 거 같아서 열심히 준비하고 미국에 가게 됐어. 그렇게 캘리포니아에서 유학 생활이 시작되었어. 처음 1년은 영어를 한마디도 못 했었어. 그래서 1년은 언어 수업을 하고, 학사과정을 시작했지.

내 전 여자친구는 프랑스 사람이었는데, 언어 수업에서 처음 만났어. 우리는 선후배 교류를 할 때 조금씩 친해졌어. 그러다 내가 한국에 돌아왔을 때 축구하다가 십자인대를 다쳤거든. 근데 그때 전 여자친구가 페이스북 메시지로 괜찮냐고 하면서 이것저것 방학 내내 챙겨줬어.

다시 학교로 돌아갔을 때 당연히 더 가까워졌고 잘 지냈어. 내가 다니던 학교는 작아서 밥을 같이 먹는다거나 함께 걸어 다니면 눈에 금방 띄었어. 주변에서는 우리 둘이 무슨 관계냐고 막 추궁하는 거야. 그래서 나는 어차피 우리 서로 좋아하고 하니까 오피셜로 사귀자고 하면서 연애가 시작됐지.

우리는 2학년부터 만나서 작년 11월에 헤어졌어. 한 5년 넘게 만나고 헤어졌는데, 내가 참 모질게 굴었던 거 같아. 나로서는 사실 나 때문에 여자친구가 졸업하고 한국에 들어온 거니까. 근데 그 친구는 절대 그렇게 생각하지 말라고, 물론 네가 없었으면 한국을 생각하지는 않았겠지만, 본인의 선택이니 부담 갖지 말라고 하더라고. 근데 그 후에도 사실 나는 부담감을 많이 느꼈던 거 같아. 주변도 가족들도 당연히 결혼하는 거로 생각했거든. 근데 나도 그 사람이 싫었던 건 하나도 없었으니까. '때가 되면 하겠지.'라는 생각을 했어.

근데 어느 순간 확실하게 결혼을 못 할 거 같다고 생각했어. 왜냐면 그 친구는 결혼하면 무조건 육아는 프랑스에서 하고 싶어 했어. 근데 나는 직장도 없고 아무것도 갖춰진 게 없는데 뭔가 책임져야 할 사람이 두 명인 거 같은 거야. 엄마랑 여자친구.

사실 '이 사람보다 더 좋은 사람을 만날 수 있을까.'라는 생각도 되게 많이 했지. 물론 있겠지, 있을 수 있겠지만 그래도 그 5년이라는 세월이 짧은 건 아니니까. 나는 이번 연애가 제일 길게 연애한 거였거든. 그래서 추억들도 너무 많고 싫어서 헤어진 게 아니니까, 더 마음이 아팠던 거 같아. 그 사람한테는 정말 고맙지.

나는 아름다운 이별이었던 거 같아,
그 사람한테는 아닐 수도 있지만.

# 성폭행 경험만큼 무서웠던 건
# 주변 사람들의 2차 가해였어

안녕 나는 18살이고 오늘 내 경험들에 대해서 나눠보고자 나와 봤어. 나는 우울증으로 인해서 정신 병동에 입원했는데, 그곳에서 한 남자애를 만났어. 중학교를 갓 졸업한 친구였는데 나보다 한 살 어렸어. 처음에는 그 친구가 조금 힘든 친구인 줄 알았고 내가 어느 정도 보살펴 줄 수 있는 사람이라고 생각했기 때문에 좀 무모하게 다가갔던 것 같아. 다가가서 좀 친해지고 얘기도 많이 나누고 했는데, 그 친구는 나를 그저 가지고 놀 여자로 본 것 같아.

어느 좀 늦은 밤이었어. 정신 병동 CCTV가 구석진 사각지대 쪽에 얘기를 나누다가 그 친구가 나한테 이제 성적인 질문들을 하기 시작했어. 나는 사실 성적인 질문들을 별로 좋아하지 않는 편이야. 그래서 선을 그었는데 그 친구도 처음에는 "알겠다. 그만하겠다." 하더라고. 그리곤 CCTV를 피해 나를 끌고 자기 방으로 들어갔어. 거기 하필이면 또 환자가 아무도 없던 거야. 다들 뭔가 이상하다고 생각되는 점이 있을 거야. 왜 내가? 거긴 병원이잖아, 병원에서 일어난 일이고 구조 요청을 했을 수 있는데, 하다못해 소리라도 질렀을 수 있잖아. 근데 그러지 못했던 이유는 바둑알을 깨서 나한테 들이대곤 "만약에 내가 소리를 지르거나, 다른 사람들이 의심할 만한 행동을 한다면 성기를 찢어버린다"라고 협박했어. 근데 그게 그때의 내게는 커다란 압력이었고, 처음에는 울다가 더 나중엔 소리도 못 지른 채로 그냥 가만히 있었어.

그냥 어쩔 수 없었다고 생각한 거 같아. '내가 여기서 할 수 있는 것은 아무것도 없구나'라고 생각해서 받아들였어. 그래도 무섭잖아. 심지어 이제 나를 임신할 수 있게끔 뭘 많이 했는데. 근데 그보다 후에 사람들이 어떻게 대처했는지가 나는 아직도 원망스러워.

병원은 당연히 덮고 싶어 했지. 어떻게든 숨기고 그러고 싶었겠지. 나는 개방병동, 그 친구는 폐쇄병동으로 가고 끝났어, 그게 사실상 조치의 끝이야. 내가 불만이 있다고 했더니, 병원에서는 원하는 조치는 다 해줬고, 다른 사람들이 알면 안 좋은데 왜 그렇게 유난이냐는 식이었어. 신고를 하려고 해도, 되는 일이 없더라. 진정서를 쓰다가 간호사한테 뺏겼어. 경찰에 연락하려고 해봤지만 안됐던 게, 경찰은 다 무관심했어. 보복이고 뭐고 다 두려웠지만, 나는 사람들의 그 무관심이 정말 무서웠던 것 같아.

어느 순간 물증이 많이 없고 심증만 있다며 내가 가해자가 돼버리는 거야. 심지어 주변에서는 "너 그렇게 힘들었으면 왜 그땐 말을 안 했어?", "너 사실 네가 하고 싶어서 한 거 아니야?" 이런 얘기까지 들리더라고. '내가 하고 싶어서 한 거라고?' 지금 돌아보면 무서웠고 정말 끔찍했어. 근데 다 가해자를 옹호해 주고 내 얘기를 아무도 안 믿어줘.

일단 난 지금 극복한 사람도 아니고 뭔가를 잘 알고 있는 사람도 아니야. 그냥 내가 겪은 이 경험밖에 할 말이 없거든. 그저 신고를 할 수 있게끔 사회가 바뀌었으면 해. 사회가 바뀌고 사람들이 수용해 주고 들어주고, 그때의 내가 그런 시절에 있었다면. 그럼 참, 좋았을 텐데 말이야.

함께하는 당신에게

쏟아진 물을 다시 주워담을 수 없듯
이미 일어난 과거를 없애는 건 불가능한 일이다
당신이 찾아와 주기만을 기다린 이 공간에서
숨겨둔 당신의 어제를 마주하고
안아줄 수 있는 시간이 되었으면 좋겠습니다

# 어린 시절 엄마가 쏟아냈던 감정적인 말이
# 내게 상처였나 봐

오늘 나는 예민함이라는 주제에 관해서 얘기해 보려고 나왔어. 나는 내가 그렇게 예민한 사람인 줄 몰랐어. 자라오면서 내가 예민한 기질을 갖고 있다는 것을 조금씩 알았던 것 같고, 그게 잘못됐다는 말을 지속해서 듣다 보니까 나의 취향이나 나의 성향이나 조금씩 숨기는 데 익숙해졌어. 그게 마치 당연한 예의인 것처럼 그렇게 자라왔던 것 같아. 가까운 관계들에서 느껴지는 그런 무례한 말들, 함부로 하는 행동들, 편하니까 익숙해져서 당연하게 하는 그런 것들이 나한테는 계속해서 상처로 남았더라고. 특히 가족들에게도 그렇고.

지금도 사실 가족들과 연락하지 않아. 만나지 않은 지가 꽤 오랜 시간이 흘렀어. 하지만 오히려 지금이 나는 너무 편안하고 너무 안정적이야. 다시 만날 생각을 하면 뭔가 숨이 막히고 '또 어떤 말로 내가 상처받을까?', '또 어떤 말로 내가 지적당할까?', '내 어떤 행동과 말이 그들을 불편하게 할까?' 계속 고민하다 보니까, '그냥 관계를 끊어버리면 편하지 않을까?' 그런 생각도 많이 들어. 최근에도 엄마랑 되게 오랜만에 통화를 했는데 엄마도 내가 어떤 말들을 불편해하는지 알기 때문에 그걸 조심한다고 하는데도 그런 말들이 계속 나와. 그래서 내가 불편하다고 말을 해. 그러면 엄마는 "혜련아 근데 너 다른 데 가서도 이렇게 행동하니? 너 다른 사람들한테도 이렇게 행동하니?"라고 말을 해.

문득 그런 생각이 드는 거야, '이게 진짜 맞는 건가?', '엄마의 말이 진짜 맞는 건가?', '나 하면 안 되는 게 맞는 건가?', '누군가에게는 이 말을 내가 해도 괜찮을 수 있지 않을까?', '그런 사람이 있지도 않을까?' 그런 생각들이 들다 보니까, 자꾸 다가오는 사람들을 보며 '저 사람도 실은 엄마처럼 나를 "쟤 왜 저렇게 예민할까?"라고 지적하진 않을까?' 하는 생각에 자꾸 몸을 사리게 돼.

어렸을 때 엄마가 나한테 쏟아냈던 그런 감정적인 말과 행동들이 나는 그래도 되는 사람이라고 생각했던 것 같아. 어릴 때는, 쓸모가 없으니까 뭔가 잘 아프기도 했고, 그때는 지금이랑 다르게 내가 뭘 잘 할 수 있는지를 잘 몰랐던 것 같아. 그러다 보니 나보다 위에 있는 상대가 쏟아내는 말이 세상의 진리인 것 같고 '아 이런 말은 하면 안 되는 건가 보다' 생각하고 자라왔고 그런 말을 하면 버려질 수 있는 건데.

정말 버려질 수 있다는 걸 집에서 내가 많이 느끼면서 자랐어.

그게 생각보다 나한테 되게 큰 상처더라고. 그래서 나의 가장 큰 약점은 내가 가장 사랑하는 상대가 나를 버리는 게 가장 무서운데, 그걸 들키지 않으려고 괜찮은 사람인 척을 해. 하고 싶은 말을 자꾸 삼키고 말로 자꾸 억누르고 그게 또 하나의 나의 예민함으로 나타나려고 했던 게 아닐까도 싶어.

누군가는 '나는 이러한 사람이야'라고 쉽게 말하는데, 나는 그렇게 말을 하면 안 된다고 자꾸 생각하는 것 같아. 왜냐하면 그건 좋은 모습이 아니니까. 타인들이 보기에 말 잘 듣는 사람이어야 배려받는다고 생각을 했던 것 같아.

# 우울도 내가 가진 여러 면 중에 하나니까

나는 군인 가족이야. 아버지는 장교시고 어렸을 때는 1~2년 주기로 전학을 다녔어. 그래서 만남과 헤어짐의 반복이었고, 그때마다 다는 매번 다른 그룹에 속했어야 했어. 어렸을 때부터 각자 다른 그룹에서 살아남았어야 했어. 정말 이렇게 동물들 세상처럼 내가 가는 그룹들도 항상 각기 천차만별이었던 것 같아. 그래서 나는 원래 내 성격 같은 게 본연에 있긴 했겠지만. 생존형 외향성이라고 내가 나를 이렇게 보호하기 위해서, 동물들이 야생에서 살아남듯 그런 껍데기를 꾸며내기 시작한 거야.

사람들이 나를 되게 재밌다고 생각을 하는 게 어떤 사람인지 모르겠다는 이유가 사실 그중 하나야. 그게 대개기는 하지만 난 어디 가서 '도라이'라는 지칭을 듣기도 하고 어디서 보면 굉장히 사람이 엄청 어두워 보이고, 어디서 보면 구김살 없이 해맑아 보이기도 하고. 근데 사람마다 기분이 좀 여러 가지긴 하잖아?

난 예전에 나를 제대로 자아 인식을 하기 전에는 기분장애인가 보다 했어. 난 기분이 많아서 그런가 보다 했는데, 뿌리부터 더듬어가다 보니까 내가 다면적일 수밖에 없었던 이유가 있었어. 내가 열네 살 때 중학교 3학년이었던 동아리 회장 언니가 나를 굉장히 잘 챙겨줬었거든 학교 축제 때 언니가 "아 지연이 춥구나?" 하면서 외투를 빌려줬어. 그 후 이사를 가게 됐는데, 그걸 그대로 들고 와버리고만 거야. 어떡하지 하다가 예쁘게 섬유 유연제를 넣고 뽀송뽀송하게 해서 다시 만나는 날에 가져다주면 되겠다는 생각으로 혼자 즐거워했어. 그런 내일을 그리고 있었는데, 갑작스럽게 부고 소식이 들려오더라.

되게 따뜻한 봄이었고, 그 언니가 투신자살했대. 난 동네가 멀어서 사실 가지는 못했는데, 그 순간 내게 있던 생각들이 깨진 것 같아. 가까운 사람이 떠나게 된 건 처음이고 충격이고, 그 순간 나는 삶에 있어서 되게 뭐든 무한한 게 없다는 생각을 가지게 됐어. 이제 그 언니의 죽음을 계기로 내가 도움을 주지 못했다는 것과 함께 겹쳐오니까 내가 나를 너무 싫어하게 됐어. 우울이 심해지고 공허하게 되고, 그리고 옥상에 올라가는 게 습관이 됐지. '그 언니는 여기서 좀 어떤 기분으로 뛰어내렸을까' 이 생각을 하면서. 원래 나는 모태신앙이긴 하거든 어렸을 때부터. 그래서 내 이런 면들을 볼 때마다 이제 '자, 우리 집사님들 우리 자매님, 기도합시다.' 하면서 어두운 나를 없애버리려고 하더라, 퇴마하듯이.

"사라지세요, 사라지세요."

나는 그게 되게 좀 폭력적이라는 느낌을 받았어. 그 사람들은 내 밝은 면만 보고 나를 단면적으로 본 거야. 그게 나의 전부라고 생각을 하니까 다른 면을 수용하려는 노력 자체가 없어. 이해도 배려도 하지 않으려고 했어. "내가 본 면이 너겠지. 다른 것은 가짜로 나온 습성일 뿐이야 절대 네가 아니야."라는 식으로.

오해든 실망이든 그런 사람들이 하게 되는 것 같아. 나는 그래도 같이 공생하는 겸 평화롭게 살아가자는 생각을 하고 있어서 다른 면들을 이해하고, 어렵다면 배려라도 했으면 좋겠어. 그리고 난 그렇게 살 거야, 안녕.

# 원나잇도 짧은 연애도 잘못된 건 아니잖아

이성 이야기를 해보자면 나 같은 경우는 사실 사람을 적게 만나진 않았어요 "아, 나 남자에 그렇게 관심이 없어." 이런 이야기를 하는 사람도 많은데 사실 저는 남자가 좋아요. 남자 만나면 재밌고, 여자랑 카페에 가서 커피 마시거나 밥 먹고 이런 것보다 당연히 남자랑 그러는 게 훨씬 재밌고 여자랑 가지도 않죠, 저는.

요즘은 사람을 만나는 거는 만나는데, 깊게 연애하지는 않았어요. 저한테는 점점 연애라는 걸 하기가 어려운 것 같아요. 만나긴 계속 만나요. 한때는 거의 공백기가 없을 정도로 만나는 사람은 정말 꾸준히 있었는데. 이게 뭔가 연애하기가 어려운 게 연애를 뜨겁게 깊게 해보는 시기가 있잖아요. 저한테는 스무 살 초반이 그랬어요. 스물한 살, 스물두 살 이때 만났던 친구들이랑 진짜 매일 보면서, 그때는 그때라서 가능한 것 같긴 해요. 지금 같은 경우에는 누구를 만나도 일주일에 한 번 만나는데 그것도 사실 시간이 아까운 거예요. 나는 이미 다 해봤던 거니까, 어떻게 보면 밥 먹고, 영화 보고, 어디 놀러 가고. 다 똑같은 게 아닌가 싶기도 하고. 그거보다 나 혼자 있는 시간이 사실 더 재밌고 생산적이기도 해서. 예전에 그렇게 연애하고 나서 지나고 보면 사실 남는 게 없더라고요.

지금은 일정 정도의 관계를 유지하는 것 같아요. 누구를 만나도 사귀지 않고 이 정도 사이였으면 좋겠다. 이런 경우가 되게 많았어요. 그러다 보니 연애를 하는 게 좀 힘들어지더라고요. 내 삶을 우선시하고 나를 우선시하다 보니까 이게 서로 좋은 효과만 있었으면 좋겠지, 내 삶의 일상에 조금 지장이 가는 건 싫다. 사실상 연애가 그럴 수만은 또 없으니까 그런 걸 생각하고 사람을 만나려고 하니까 연애라는 게 되게 힘들어진 것 같아요.

최근에는 성관계에 대해서 생각을 되게 많이 해봐요. 왜냐면 관계에 대해서 고민을 하는 사람이 되게 많을 거라 생각해요, 여자도 남자도. 여자로서는 쉽지 않은 게 관계를 가지고 나면 '이 친구는 나와 한번 자고 싶었나? 이렇게 관계가 끝나는 건가?' 같아요. 제가 그렇게 몇 명 관계를 맺었어요. 그렇게 명수가 늘어난 게 사회적으로는 그다지 환영받지 못하는 것이기 때문에. 여자로서는 특히나 그래서 굉장히 어려워요.

사람이다 보니까 상처받잖아요. 만약에 나는 이 사람과의 연애 감정을 기대했는데 이 사람은 나를 하룻밤 잠자리 상대로 생각을 했어. 이러면 또 사람이 상처받는 게 당연하지 않을까요. 이것도 생각이 바뀐 지 얼마 안 되긴 한 건데 그게 나쁜 건 아니지 않을까요? 그걸 하룻밤 자려고 하는 정도? 서로 니즈가 다른 거잖아요. 누구는 연애를 원하는 거고, 누구는 잠자리를 원하는 거고. 이게 뭔가 도덕적인 가치가 있는 문제가 아니라고 생각해요. 누구는 축구를 누구는 테니스를 좋아하는 것처럼 말이에요.

그런 부정적인 인식 같은 게 씌워질 수 있는 것 같고 개방적이라는 말도 주관적인 것 같아요. 우리는 '조심스럽지 못하다' 이런 프레임을 씌우려고 할 때도 있는데 그것과 별개의 문제인 것 같아요. 사실 사회 분위기가 많이 바뀌어야 하죠.

# 주변의 인정을 좇다보니 스스로가 텅 비어버리더라

사실은 지금의 내 성향 자체를 돌아보면 되게 주목받는 걸, 인정받는 걸 좋아하고, 무언가를 쟁취하는 걸 좋아해. 주목받는 그런 것들을 하면 많은 사람이 박수를 보내고 또 주목받아.

그 시작점을 보면 어릴 때 나는 공부를 되게 좋아했었거든. 당연히 열심히 했고 습관처럼 즐겨 했어. 그래서 고등학교를 들어갈 때 이제 학교에서 주목받는 성적으로 들어가게 된 거야. 그러니까 이제 전부 다 나를 주목하는 것 같은 느낌을 받았어. 그 느낌이 들기 시작하니까 뭔가 내가 공부에 대해 느끼는 즐거움과 재미가 아니라, 결과만 중시하고, 과정을 중시하지 않게 됐어. 내가 노력을 하고 힘을 들이는 순간보단, 더 좋은 점수를 받는 게 중요했지.

회사를 낸 것도 마찬가지였어. 나는 사업을 할 생각이 진짜로 전혀 없었고, 친구들이랑 같이 '재밌고 의미 있는 일을 해보자.' 였어. 친구들과 진짜 재밌고 신나게 했었거든. 근데 사업이 아니었으니까, 수익을 보거나 하는 건 전혀 없었지. 근데 그 후로 여기저기서 연락이 오고 인터뷰하고 사람들에게 알려지고 이러니까 '어?' 어느 순간 또 결과와 과정이 바뀌게 된 거지. 그 빛났던 순간들 정말 행복했던 순간들이 사라지고 주목을 받는 것에 자꾸 집중하게 되는 거야. 어느 순간 느꼈지.

'아, 내가 그 옛날에 하던 그 빛이 나지 않는구나, 그리고 리더로서 한 번도 해서는 안 될 말이지만, 나 자신이 너무너무 행복하지 않구나.'

이런 생각이 들더라고. 근데 그때는 멈출 수가 없었지. 사실은 계속 달려가야만 했고 수많은 청년과 친구들이 함께 하고 있었으니까. 뭔가 결과 중심주의에 끝판왕은 우리나라에서 가장 큰 돔에서 행사였어. 다 준비하고 사람도 정말 많이 오고 이랬었는데 담당하는 PD가 나를 보고 "이게 대표님의 욕심의 끝인가요?" 이렇게 물어보더라고. 너무 이성적으로는 말도 안 되는 소리라고 생각하지만, 마음적으로는 그 말이 무슨 말인지 안 거야. 스포트라이트를 쫓아갔던 뭔가 끝에 폭주 기관차의 끝에 결말을 보는 것 같은 그런 느낌.

그래 돌아보면 모두에게 미안한 마음이 진짜 커. 서른이 됐을 때 되게 많이 했던 말이 '이립'이었거든 '인생의 뜻을 세워라.' 사실 그때는 진짜 인생의 뜻이 있었고 그래서 정말 뭔가 청춘들에게 너무나 좋은 영향을 주고 의미 있는 기업을 만들고 싶은 그런 뜻이 분명하게 있었지. 그 뜻이 무너진 지금 마흔에서 생각하게 되는 '미혹' 이제 '유혹되지 않는다.'라는 말. 이게 어떤 말인지 이제 조금 알 수 있을 것 같아.

뭔가 번지르르한 뜻이나 어딘가에 내놓을 만한 그런 꿈이 없다고 해도, 자신이 더는 유혹되지 않고 바로 설 수 있을 거라고 생각이 되면. 내 안에 있는 촛불 들고 그냥 편하게 흔들리지 않게 걸어갈 수 있지 않을까 싶긴 해. 동구야, 나의 인생의 전환점을 만들어줘서 고맙다.

# 착해야 한다고 생각했어

나는 마흔한 살이고, 지금은 그냥 평범한 직장인에 두 아이의 아빠, 이승헌이라고 해. 나는 초등학교는 수원에서 다녔었고, 내가 중학교를 서울로 전학 가는 딱 그 첫날부터였을 거야. 학교 선생님이 친구들에게 이렇게 소개해 주더라고 "오늘부터 같이 지내게 될 새로운 친구야. 이 친구 되게 공부도 잘하고 똑똑하니까 앞으로 잘 친하게 지내." 그 한마디에 아이들은 관심을 보이기 시작했어. 전학 첫날부터 난 되게 행복했었어. 친구들이 나한테 와서 함께 도시락도 먹고, 공부 얘기도 자연스럽게 하고. 나는 이 서울 생활이 너무 만족스러울 거라 생각을 했었어.

근데 나의 기대는 불과 그 중간고사 이후로 완전히 달라진 거지. 사실 성적 발표가 나고 애들은 과연 내가 몇 등을 할까에 관심이 초롱초롱했던 거야. 나는 성적표를 보고선 좌절했었어, 반에서 28등, 그때부터 애들이 수군대기 시작했어. "쟤 공부 못하는 애였어." 어느 순간 나를 보는 애들은 나를 무시하기 시작했고, 같이 공부했던 친구들도 나를 이제 멀리하기 시작했어. 아무래도 지금처럼 자존감 떨어진 이유는 아마 여기에 있을 거야.

어느 날부터는 칠판 글씨가 안 보이기 시작하더라고. 그래서 병원을 가 봤는데 딱 청천벽력같이 원시라는 얘길 들었어. 안경을 꼈는데 충격적으로, 정말 내 눈은 2배 이상 커져 있고, 아니나 다를까 이제 그 안경을 끼고 처음 등교하는 날 애들은 날 엄청나게 놀리기 시작했어. 그때는 아무렇지 않은 듯이 대수롭지 않게 받아쳤지만, 나는 그때부터 사람 눈을 정면으로 쳐다보면서 이야기하지 못하게 됐고, 항상 나의 시선은 바닥에 있었어. 말수도 적어지고, 게다가 대인 기피증까지 생겨버렸어.

그렇게 나는 학창 시절을 보냈고 진짜 말 그대로 예스맨이 되었던 것 같아. 그러면서 나를 진짜로 생각해 주고 좋아하는 사람도 있지만, 나를 이용하는 사람들이 다 같이 늘어나기 시작했어. 내 일이 항상 뒷전이어서 제일 많이 혼나고, 그래도 우리 팀이 잘 돼서 주변인들이 잘 됐으니 됐지, 하는 나름의 합리화. 사실 나도 내 것을 잘해서 인정받고 싶었지만, 누군가는 나의 마음을 알아주고 내가 힘들 때 본인이 희생해서 나를 좀 도와주지 않을까 하는 막연한 기대감이 있었던 것 같아.

사실 그건 내 기대일 뿐이고 사람은 어떻게든 자기가 위기에 닥쳤을 땐, 본인부터 챙기는 경우가 본성이었던 것 같아. 그리고 어느 순간 내가 딱 거울을 봤는데 정말 이 세상 혼자 사는 사람처럼 정말 추한 한 남자의 얼굴이 딱 보이는 거야. 그러니까 그 순간 되게 현실을 자각하더라고 도대체 나는 누굴 위해서 이렇게 했던 건가? 가만히 생각해 보면 내가 그렇게 했던 것 같아. 나 자신 안에서 그런 상처와 울분을 무시하고 나는 이렇게 살아야 해라고 억눌렀던 것들.

그냥 "너는 착한 사람이야." 그 소리가 듣기 좋았어. 그렇게 착한 사람으로 있는 것, 나는 그냥 그게 좋다고 생각했어. 그것도 칭찬으로 받아들였던 것 같아. 병신이 되고 있는 줄도 모르고.

# 친구라고 생각했는데 그냥 나는 아는 사람이더라

인간관계에 대해서 최근에 좀 많이 생각이 들어. 보통 사람들이 그런 얘기를 많이 하잖아. '내가 손을 놓으면 언제든지 나를 떠날 사람들은 진짜 내 사람이 아니다. 그런 사람들은 굳이 이렇게 신경 쓸 필요가 없다.' 그럴 때면 나는 '그럼 내가 손을 안 놓으면 되는 거 아닌가?'라고 생각했어. 그래서 항상 나는 '내가 손을 놓지 말아야겠다.' 이런 생각을 가지고 계속 살다가, 이제 연말이기도 하고 사람들이랑 만나기 위해 연락을 쭉 했어. 그러면 약속이 잡히기도 하지만 대부분이 모호한 대답을 해. 연락을 줬게 하고 연락이 안 오는 사람들이 좀 많았거든. 예전엔 그런 것에 신경을 안 썼는데. 요즘에는 '내가 그 사람들을 보고 싶어 하는 만큼, 나를 그렇게 보고 싶어 하지 않을 수도 있겠다.'라는 생각이 들어. 물론 그건 그 사람들의 자유니까 그거에 대해서는 뭐 크게 신경 쓰이지 않는데, 자유라고 하기에는 나에 대한 배려가 좀 많이 없는 거 아닌가란 생각도 들었어.

지금 느끼는 건 그냥 그건 친구가 아니라 그냥 아는 사람 그냥 그 정도? 그 정도의 개념일 수도 있겠다 싶어. 그런데 나는 그 아는 그 사람을 위해서 너무 많은 에너지를 썼구나. 그러면서 '정작 나를 더 좋게 생각해 주고, 나를 친구라고 생각하는 사람들에게 오히려 내가 좀 소홀히 하지 않았나.'라는 생각도 들어.

그럼 내가 그럼 내가 그 사람들을 위해서 너무 노력을 많이 한 것에 대해서 내가 서운함을 느끼는 건가? 서운함을 느끼는 것 같기도 하고. 어렸을 때부터 진짜 사람이 많았던 나는 외롭다고 느껴 본 적이 없었거든? 그런 적이 없다고 생각했는데 문득, 내가 사람들을 보고 싶어 하고 같이 놀고 싶어 하고 그러는 게 '아, 내가 외로움을 많이 타서 그렇구나'라는 생각도 들어.

내가 연락을 워낙 잘하니까, 내가 보고 싶어 하는 사람들한테는 정말 갑자기 길 가다가 날씨 좋으면 "야 오늘 날씨 좋다." 이렇게 카톡 보내기도 하고. 생일 때 카톡하고 했는데 돌이켜보면, 나는 그런 카톡을 받아 본 적이 거의 없는 것 같아. 물론 그건 사람 성격의 차이일 수도 있지만, 생일 카톡을 받아 본 적도 없는 것 같고. 그런 얘기도 들었어 "얘는 항상 돼." 그게 물론 항상 될 때 되는 것도 있지만 그 사람을 만나기 위해서 약속을 조정한 때도 있는데 말이지.

외로움을 많이 타는 것도 지금 이 촬영을 하면서 많이 느낀 건데, 굳이 하나하나 다 신경 쓸 필요가 없겠다는 생각도 들어. 좀 내려놓게 되는 것 같아. 마음을 비우게 된 거지, 사람에 대해. 그렇게 되는 것 같아.

나 자신을 희생해서 만나는 사람들보다는 정말 서로가 좋아서 마음이 맞고 나를 좀 위해주는 사람을 위해서 더 차라리 희생하는 게 나을 것 같다는 생각이 들어.

# 학교 폭력 피해자였던 나를 인정하기 어려웠어

나는 내 이야기를 잘 못 하는 사람이었어. 학창 시절 좋은 추억도 있겠지만, 사실 좀 이렇게 마음 아픈 곳이 하나 있거든. 그게 중학교 때 당했던 일. 그 당시에 흔히들 말했던 이제 '시다바리'. 참 많이 맞았어. 근데 되게 머리가 좋았나 봐, 그때 친구들이. 얼굴은 안 때리고 팔만 때려. 그때의 덩치는 내가 이렇지 않았어, 좀 왜소했지 믿기 힘들겠지만. 진짜 여기만 맞았어, 그니까 반팔을 입어도 티가 안 나. 항상 그렇게 맞고 양말 안에다가 돈 숨기고 그러고 살았어.

고등학생 때도 나는 좋지 않았다는 생각이 들어. 왜냐면 난 되게 밝고 재밌고 그런 사람 중의 한 사람인 걸로 나는 기억하고 있고, 선생님들 따라 하는 거 좋아하고 성대모사 같은 거 하고. 근데 어느 순간 애들이 내가 그렇게 오버하고 나대는 모습들이 싫었나 봐, 그래서 나를 따돌린 것 같아 맞기도 했고.

어느 새부턴가 내 이야기를 하는 게 되게 조심스러워지더라고, 많이 힘들었어. 내가 의견을 냈을 때, 상대방이 "난 이 의견이야."라고 나한테 이야기했을 때. 거기서 나는 의견을 내지 못했어, 조심스러웠거든. '내 의견을 냈다가 이 사람이 나를 싫어해버리면 어떡하지?'라는 걱정이 가장 컸어. 한 번은 그런 생각을 한 적이 있어.

'왜 내가 이렇게 살아야 하지?', '왜 내가 이렇게 살았을까?', '왜 내가 이렇게 살고 있지?' 그렇게 하면 사람들이 싫어할 거라는 학창 시절의 내 모습이 떠올랐던 것 같아.

어느 순간 그 학창 시절에 대해 인지를 하게 됐을 때 '나는 이런 사람이었구나.'라는 걸 확인했어. 이게 진짜 쉽지 않은 것 같아. 숨기고 있던 내 이야기를 하고, 이렇게 인정하고 뭔가 좀 나를 더 알아가려고 인지하고 있다는 게 정말 정말 힘든 시간인 거 같거든.

근데 그 시간을 견뎌내고 '난 이런 사람이야.' '앞으로 이렇게 살고 싶다'라고 다짐하는 순간 '변신!'이게 아니야 '타단~' 이게 아니거든. 정말 그때부터 요만큼씩, 정말 요만큼씩 바꿔 가는 내 모습을 보게 되는데 이쁘더라. 하하 정말 예쁘더라. 아 멋있어 보이더라. 정말로 내 의견을 이야기할 수 있다는 게 잘 성장하려고 노력하는구나. 이런 게 내 안에서 스스로에게 말해주는 것 같아.

자존감이 높은 사람들은 자존감에 대해서 생각하지 않고 사는 것 같아. 자존감이 낮은 사람들이 오히려 좀 더 생각하며 사는 것 같고, 물론 개인적인 의견이야. 이걸 인지하고 바꿀 수 있는 사람이 있다면, 어느 순간 더 멋진 사람이 되어있지 않을까 생각을 해.

나도 그렇게 지금은 막 높다고 얘기할 순 없겠지만, 만약에 이런 고민을 하는 사람들이 있다면 한 번쯤은 자신을 돌아보는 시간을. 과거의 어떤 꺼내 보기 싫은 그런 아픔들을 한 번쯤은 직면하는 시간을 가져보는 게 어떨까. 한번 추천해 보고 싶어, 나쁘진 않으니까? 그걸 떠올린다 해서 막 악몽처럼 '으악!!' 이러진 않으니까 나를 다시 한번 보는 것도 어떨까 그렇게 생각해!.

# dear_ 친애하는 당신에게

dear_는 내가 하는 유튜브 채널의 이름이자 이 시절 나의 단상이다. 이는 선의라던가 타인에게 무언가 메시지를 주고 싶어서가 아니라고 단언할 수 있다. 지원자들의 이야기를 듣고 촬영하며 다양한 삶의 단면을 담는 일은 순전히 나를 위한 행위이며, 내가 나를 좋아하게 만드는 순간이다.

대학 시절 지역 아동 센터에서 봉사하며 그곳 아이들의 모습에서 나를 보았다. 그때의 나는 세상에서 나만 가장 불행하다고 생각하는 마음으로 가득했다. 하지만 성인이 되고 보니 답이 없다고 생각하던 때와는 다르게, 과분한 애정을 받으며 부족함 없이 잘 자란 내가 있었다. 불공평에 대한 마음보다 감사한 마음이 컸다. 그래서 대학 생활하는 동안 나는 주말이면 봉사하러 가려 했다. 봉사란 조금 더 가진 사람이 조금 덜 가진 사람을 돕는 것이 아니라, 서로의 각기 다른 것을 나누는 것이란 마음으로 아이들과 가까워지려고 했다.

아마 그때부터 여러 삶을 들여다보는 것에 스스로 재능이 있다고 여겼는지도 모른다.

후에 나는 강연 기획사에 들어가 타인의 이야기를 듣고 무대에 올리는 일을 했다. 그러면서 나의 어림을 다시 한번 느낄 수 있었다. 나는 생각보다 좁은 나의 세계에만 살고 있었고, 타인의 서사를 제대로 이해하지 못한 채 그저 완성된 모습으로만 상대를 가늠하려 하고 있었다. 그리고 스스로에 대해서도 손에 쥐는 것이 많아질수록 뭐 하나 놓기가 어려웠고, 보는 것이 많아질수록 나를 볼 기회가 적어지는 것 같았다.

그래서 dear_을 시작했다. 나와 같은 사람은 반드시 있을 테니까. 그리고 각자의 서사 속 깊은 이야기를 들여다볼 수 있도록 하는 것이 내가 받은 선물이라고 생각했다. 그 감사한 재능을 세상에 이로운 방향으로 사용하고 싶었고 유튜브는 그에 대한 첫걸음마인 셈이었다.

보통 나의 유튜브 촬영은 두 단계로 진행이 된다. 먼저 지원자와 카페에서 만나 두어 시간 이야기를 나눈다. 지원자가 하고 싶은 말을 들으며 "왜?"라는 질문을 건넨다. 그러다 보면 겉을 둘러싸고 있던 거품들이 하나둘 걷히고 그 안에 꽁꽁 싸매고 있던 솔직함 혹은 결핍이 모습을 드러내기 시작한다. 그 과정에서 대부분 사람은 미처 알지 못하던 스스로의 마음을 바라보곤 당황해하거나 놀라기도 한다.

그도 그럴 것이 우리는 우리 자신을 살필 시간도 없이 살고 있다. 그러기에 생각지도 못한 자리에서 그런 자신을 마주했다는 사실이 어쩌면 그들에겐 충분히 낯설 수 있는 일이다. 그렇게 대략적인 이야기 흐름을 잡고 1~2주 자신만의 시간을 보내게 한 뒤 촬영을 한다.

간혹 사람들은 묻는다. 왜 굳이 팔리지도 않을 콘텐츠를 기획하고, 아까운 시간과 돈을 쓰냐고. 지치거나, 피곤하지 않냐고. 하지만 내가 중요하게 여기고 진심으로 원하는 건 팔리는 콘텐츠가 아니다. 자랑하기 바쁜, 혹은 나를 들여다볼 시간조차 인색해 하는 우리가 조금이나마 각자의 결핍을 공유하고 내면을 볼 수 있는 시간을 만들고 싶을 뿐이다.

요즘 사회에서 유행하고 있는 질병 중 하나가 공황장애 또는 우울증이라고 한다. 나의 작은 움직임이 엄청난 위로나 큰 파동을 만들 수는 없겠지만, 어느 누군가에겐 '왜 나 혼자만 이래'라는 생각에서 벗어나 작은 위로를 받기를 바라는 마음으로 영상을 만든다.

조회 수나 구독자는 관심거리가 아니다. 이는 보는 사람의 입장인 거고, 나는 촬영을 하러 오는 사람만을 생각할 뿐이다. 나와의 만남에 있어서 외면하고 있던 스스로를 돌아보거나, 혹은 참고만 있던 숨을 편히 터트릴 수 있기를 진심으로 바란다. 그렇게 나의 울타리

안에는 솔직함이 가득 담겼으면 좋겠다. 찌질함도, 오글거림도, 나약함도 의식되지 않는 공간이었으면 좋겠다. 그러다 보면 나의 연약한 면도 조금은 봐줄 수 있게 될 테니까.

dear_는 누구나 참여할 수 있다. 할 이야기가 없다고 하지만 우리는 우리 삶 속에서 충분히 자신만의 귀한 이야기를 가지고 산다고 확신한다. 그렇게 소신과 소신이 모여 보편이 되고, 소수와 소수가 만나 다수가 되기를 희망한다.

여전히 나는 어리다. 앞으로도 어릴 것이고
당장 어제 일조차 후회 가득할 것이다.
어떡하겠는가, 이렇게 태어나 버린걸
내가 할 수 있는 일이라곤
그런 나를 사랑하는 것, 그뿐이다.
그와 그녀의 작품이라는, 나름의 자부심을 품고.

## 에필로그

몇 년을 미뤘던 책의 원고가 드디어 마무리되었다. 처음 책을 쓰려고 마음먹었던 건 잊히는 기억에 대한 기록이었다. 잊어서는 안 될 기억들이 사라지는 것이 아쉬워 블로그에 기록했고, 그것들이 하나둘 모여 책이 되었다. 구질구질하고 연약한 나의 온갖 단면들이 적나라하게 드러나지만, 이 또한 dear_라는 그늘막에 숨게 된다면 괜찮을 거 같았다.

지난 기억을 엮으며 일기장을 한 장씩 읽어본다. 엄마에 대한 원망, 아빠에 대한 서운함, 동생에 대한 미안함, 지난 사랑에 대한 그리움, 누군가에 대한 동경 혹은 열등감…. 온갖 감정들이 한 데 모여 엉킨다. 그렇지만 그것들이 싫지만은 않다. 오히려 나도 사람이구나. 내게도 여러 감정이 있었다는 걸을 느끼며 안심했다.

흔히 사람들이 말하는 '단단한 사람'이라는 것이 감정이 메마른 사람은 아닐 테니까. 단단해지려고 노력하겠지만 앞으로도 나는 수없이 무너지고 또 스스로를 다독이며 살아갈 것이다. 믿었던 사람에게 상처를 입을 수도 있고, 기대했던 결과에 미치지 못해 좌절할 수도 있다. 이번엔 전력을 다 쏟아도 되겠다 싶은 사랑에도 보란 듯 실패할 것이며, 그럴 때면 나만의 동굴에 수시로 처박힐 것이다. 하지만 그 틈 사이에는 분명 사사로운 행복이 깃들 것이라 믿는다. 부디 순간의 감정에 휩쓸려 곳곳에 떠도는 행복을 잊지 않는 내가 되고 싶다. 늘 존재할 수 있음에 감사하며 올바름에 가까워지도록 노력하는 내가 되고 싶다. 꾸준함을 가지고 나의 가치를 실현시키며 사는 내가 되고 싶다.

언젠가 이 책을 오글거린다고 여길 나에게 다시 한번 오늘의 내 다짐을 적는다. 그날의 내가 오늘의 나를 오글거리게 여겨도 좋으니, 오늘의 내가 그날의 나를 부끄러워하지만 않았으면 좋겠다. 나의 기록들이 늘 어제의 나에게 떳떳하기를 바라며 이 책을 마무리한다.

내가 써 내려가는 글이, 담는 영상들이 당신에게 따뜻함이 되었으면 좋겠다. 나의 솔직한 고백이 염증 나는 이 세상 속에서 작은 위로가 되기를 바라며.

dear_ 친애하는 당신에게

# dear_ 친애하는 당신에게

| | | |
|---|---|---|
| 초판 발행 | \| | 2022년 12월 19일 |
| 글·사진 | \| | 정재현 |
| 펴낸곳 | \| | 안식 |
| 발행인 | \| | 신하영 이현중 |
| 편집 | \| | 신하영 이현중 |
| 주소 | \| | 서울특별시 마포구 성미산로1길 21 사울빌딩 302호 |
| 이메일 | \| | deepwidethink@naver.com |
| ISBN | \| | 979-11-91369-33-5(03810) |

ⓒ안식, 2022

파본은 구매하신 서점에서 교환해 드립니다.
이 책은 저작권법에 따라 보호를 받는 저작물이므로 무단 전재와 복제를 금합니다.